「気合」

でないから…

教室の中の実行機能

脳機能に寄り添う支援

今井 正司 著

明治図書

はじめに

近年の子どもたちの教育環境は目まぐるしく変化しています。英語やプログラミングなど、新しいカリキュラムが次々と導入され、子どもたちは多くの情報やスキルを短時間に習得しなければいけない状況です。このような学校での学びや生活を見聞きするにつれ、保護者としても心配に思うことが多々あります。それでも、私たち大人は、子どもが少しでも学校での学びや生活を楽しいと感じてくれるように、どうにかしたいという想いでいっぱいです。

教育に関連する世界ランキングでは、日本は多くの領域でベスト3に入るような教育が行われている国ですが、私たちが本当に求めていることは、問題を速く正確に解くことができる子に育つことなのでしょうか。そうではないことは、言うまでもありません。子どもには、「もっと知りたい」という好奇心を大切にして学んでほしいですし、どんな時も幸せを感じて生きられるような大人になっていってほしいというのが、私たちの願いではないでしょうか。そのような子どもに育ってほしいという想いを実現するためには、まず、私たち大人が変わらなければなりません。私たち大人が「今ここ」で何ができるかということを真剣に考えるなら、子どもを大人の理想に近づけるために鍛えようとしたり、やみくもに愛着に原因を求めて子どもを支援しようとしないことです。たとえば、頑張っても言葉でうまく伝えられない子、本を読みたくても内容が頭に入ってこない子、努力してもなかなか書くことがままならない子に、私たちは何を求めて鍛える必要性を見出すことができるのでしょうか。また、愛着の観点のみでどのように支援することができるのでしょうか。

本書では「実行機能」という脳の働きから、子どもの困っていることを科学的に理解することで、子どもの脳機能に寄り添いながら支援するための情報と支援方法を提案しています。本書を手にとっていただいた皆さまと一緒に、ありのままの自分を生かせる学びと生活を実現できる子を1人でも多く支援できることを願っております。

著者　今井　正司

第1章　「実行機能」の基礎基本

第2章

学習と適応のための「実行機能」のサポート

第3章

「実行機能」を高めるマインドフルネス

第1章

「実行機能」の基礎基本

1

実行機能とは認知機能の働きの総称である

「実行機能」は脳の司令塔と呼ばれています。目標に向かって何かをする時は、この実行機能の働かせ方によって結果が大きく変わります。

実行機能とは？

「実行機能」とは、目標に向かって何かをする時に必要となる認知の働きを総称したものです。医療分野では「遂行機能」とも呼ばれることがありますが、同じような働きを意味しています。どの認知の働きが実行機能なのかということは、研究者の間でも完全に一致した見解が得られていないのですが、この本を読み進めるための共通理解となる定義をしておきたいと思います。本書では実行機能を**「複雑な課題を遂行する時に必要となる、課題のルールの維持や切り替え、情報の抑制や更新などの認知システムや認知コントロールに関する機能の総称」**と定義しておきたいと思います。

実行機能の働きについて

実行機能の定義に含まれている**主な認知の働きは「抑制」「切り替え」「更新」の3つ**になります。この3つの認知の働きは、多くの研究者の間でも実行機能の要素として概ね了承されています。これらの3つの認知の働きを理解して支援に生かすためには、いくつかの認知機能に焦点を当てて関連づけながら理解することが役立ちます。本書では、注意、メタ認知、作動記憶（ワーキングメモリ）という認知機能の観点からアプローチをしていきますが、まずは、「抑制」「切り替え」「更新」がどのような働きをしているか見ていきましょう。

実行機能は「抑制」「切り替え」「更新」の３つの働きからなる。

「抑制」の働きについて

私たちは必要な情報にのみ焦点を当てて、不必要な情報を抑制することで、頭の中の処理システムは安定した能力を発揮することができます。簡単な課題や好きな課題に取り組んでいる時は、これらのシステムの働きについて気にすることはないのですが、複雑な課題や苦手な課題に取り組んでいる時は、課題とは無関連な情報を抑制できずに（無視できずに）、ついつい気が逸れてしまいます。たとえば、期末テストの勉強をしている時に、隣の部屋から楽しそうな笑い声が聞こえてきたとしても、抑制がうまく働いていれば、これらの笑い声に気を逸らされることもなく、勉強に没頭できる状態を作れます。

「切り替え」の働きについて

私たちは「切り替え」を上手に働かせることで、様々なことが円滑に取り組めるようになります。たとえば、算数の問題を終えたら国語の問題を解くといった課題の変更をする場合もそうですし、緊張状態をほぐすためにリラクセーションをしようとすることも「切り替え」の働きです。切り替えがうまく働かない状態は「固着」と呼ばれ、課題を切り上げられなかったり（ゲームがやめられないことも固着です）、気分転換がうまくいかなかったりすることと関連しています。

「更新」の働きについて

物事を器用にこなす人は「更新」の働きをうまく使っています。「更新」は、状況の変化に合わせるために、刻々と変化する情報を覚えながらアップデートする働きのことを意味しています。この更新の働きは、ワーキングメモリという認知の機能が大きく関わっているのですが、鍛えることが難しいという性質があります。本書では、鍛えることが難しい場合はどうしたらいいかということも一緒に考えていきたいと思います。

2

実行機能の発達には個人差がある

実行機能は少しずつ発達していきますが、その発達のスピードやバランスは人それぞれです。発達を促すよりも、まずは、その子の実行機能の状態に寄り添いましょう。

実行機能は運動神経と似ている

実行機能の個人差を考える時にイメージしやすいのは「運動神経（身体能力）」です。短距離走のトレーニングを特にしていなくても、足の速い子はいます。同じように、特に体を鍛えていなくても衝撃に強い体やバランス感覚を持っている子もいます。このような身体能力は鍛えることもできますが、それでもやはり、身につきやすいものとそうでないものがあることは経験的に理解できると思います。また、これらの身体能力には発達する時期があります。よちよち歩きの赤ちゃんに走る練習や筋トレをさせても意味がないように、実行機能の発達にもバランスと時期の要因が大きく関わってきます。このような特徴を考えると、やみくもに「鍛える」という発想ではなく、その時々の子どもの状態に寄り添っていくというスタンスが大切だと言えます。

実行機能の発達時期

実行機能は「抑制」「切り替え」「更新」の3つの働きからなります。本書ではそれらの**3つの働きを支える土台として、「注意」「メタ認知」「ワーキングメモリ」**の認知機能を想定して話を進めていきます。この土台となる認知機能は、スポーツでたとえるなら基礎体力や基本運動（バランス感覚）と似ているかもしれません。実際にどのスポーツをするにも、体力や筋力、バランス感覚といった「基礎基本」が大切になります。先ほども説明した通り、それぞれの認知機能には、運動能力と同じように発達が進む時期があります。実行機能に関する認知機能の土台は10歳ぐらいから発達することが知られています。しかし、ここでも繰り返しになりますが、その発達のペースには個人差があります。このことから、小学生の高学年になるまでは、実行機能の土台となる「注意」「メタ認知」「ワーキングメモリ」の特徴を個別に理解しながら、その子の認知機能が整うようにサポートすることが大切になります。

実行機能を生かす視点

認知機能の発達に伴い、実行機能にもその子らしさ（特性）が出てきます。もし、実行機能に偏りが確認されたら、弱い認知機能ばかりに目を向けないで、強い認知機能をどう生かすかということを考えてみましょう。私が長年親しんでいるラグビーには、体格や運動能力など、様々な特性に合わせたポジションがあります。ラグビーに限らず、ポジションを選ぶ時は、自分の特性に合わせることで活躍の幅が広がります。実行機能の生かし方も似ています。もし、学習場面において複数のことを同時に行わなければいけないような状況や課題であっても、その子が活躍できる方法（ポジション）は必ずあります。たとえば、注意機能を自分の強みとして生かせる子には、複数の課題を分割して一つ一つ解決できるようにすることで、課題全体を丁寧に達成することが可能となります。

実行機能の土台となる認知機能の弱さではなく、強みを生かすことに目を向ける。

実行機能を楽しく使う

実行機能を整えながら活用する目的について、今一度考えたいと思います。実行機能が高い子であっても、学ぶこと自体が楽しくないと感じていたら、実行機能は生かしきれません。子どもたちは難しそうなゲームほど、自分なりの方略を編み出してクリアをしようとします。私たちは、問題の正解・不正解にとらわれずに、**子どもたちが学びたいと思えるような「問い」を提示し続けられることが何より大切**になることを忘れてはいけません。

3

実行機能から子どもの学びと適応を見る

子どもの学習への取り組みを評価する際に、「真面目でない」や「やる気がない」などと、性格について言及しているとしたら、それは間違いです。実行機能の観点から学びと適応について理解することが支援につながります。

実行機能は子どもたちの将来に影響する

実行機能は子どもの将来を予測する心理機能として研究されています。たとえば、実行機能が高い子どもは、大人になった時に、健康状態や経済状況が良好であり、犯罪をすることや依存症になることは少ないと言われています。ただし、子どもの時に実行機能が高いからと言って安心することはできません。大人になると実行機能が平均よりも低くなってしまう子もいるのです。反対に、子どもの時に実行機能が低くても、大人になると実行機能が平均以上の高さを示したという人もいます。このような変化はＩＱ（知能指数）では生じない現象です。実行機能の変化が何によって生じているかは、研究が進むにつれて明らかになってくると思いますが、現段階では明確な要因は特定されていません。

実行機能を傷つけない環境の確保

生まれながらに実行機能がうまく働きにくい子もいますし、育っていく環境によって実行機能がうまく働かなくなってしまう子もいます。たとえば、衝動性の抑制は実行機能の主要な働きの１つですが、育っている環境によっては衝動性が必要不可欠な時もあります。たとえば、過酷な環境で暮らしている子どもの場合は特に、今この瞬間に得られるものを素早く得るという意思決定と行動（衝動性）は、生きていくために必要な能力とも言えます。たとえば、空腹に耐えかねている子の場合、目の前にあるお菓子をすぐ食べることは「マシュマロ・テスト」（「目の前のマシュマロを食べるのを15分間我慢したら2個にするよ」と子どもの自制心の有無を見るテスト）が意図することよりも大事なことなのです。つまり、実行機能がうまく働かない子（働きにくい子）の場合は、まずは、その子の環境を整えることから始める視点が何より大切になるということです。

実行機能は「性格」ではない

学校現場で支援をしていると、「あの子の能力は高いはずなのに、真面目に取り組まない」や「いつもやる気が感じられない」などの評価を聞くことがあります。「真面目」や「やる気」は性格的な特徴に捉えられてしまうことがあります。しかし、その子たちの話を聞くと、「真面目に取り組んでいるのに叱られる」「真面目に取り組みたいけど集中できない」「わかっているけど、やる気が出てこない」などの理由があることを教えてくれます。つまり、「困った子」ではなく「困っている子」の実情がそこにはあります。これらの状況を性格ではなく、実行機能の観点から捉えることで、具体的な学びと適応に関する支援に結びつけることができます。逆に言うと、性格に焦点を絞った場合は、性格を変えるということが目的となります。しかし、性格はどんな性格であれ尊重されるべきものであって、変える必要がないことはおわかりいただけると思います。

困っている状態は「性格」ではなく「実行機能」の観点から捉えて支援する。

実行機能を整えて働かせやすくする方法

子どもの学びと適応を維持したり促したりするためには、**子どもの実行機能を「鍛える」というよりも「整える」という視点が大切**になります。そのためには、実行機能を働かせやすくするために、心理的な苦痛などに実行機能を使い切ってしまわないように、心に余裕を持てるような取り組みをすることが大切になります。本書ではマインドフルネスという考え方とエクササイズによって、心の余裕を生み出す方法をご提案します。また、子どもの実行機能の土台となる「注意」「メタ認知」「ワーキングメモリ」を取り上げ、それぞれの認知機能について理解を深め整える方法について考えていきたいと思います。

4 実行機能における「注意」の位置づけを知る

実行機能と注意機能はとても深い関係にあります。注意機能の観点から実行機能の働きを理解することは、子どもの適応と学習の支援を行ううえで重要な視点となります。

注意機能の分類について

注意とは何かということは経験的に理解していても、改めてそれらを説明しようとすると難しく感じます。注意機能の分類は研究者の中でも統一されたものはなく、様々な理論に基づいて分類されています。本書では注意機能を「活動性」「制御性」「方向性」の3つに分類し、子どもの適応と学習の観点から、実行機能の働きと照らし合わせながら概説していきます。これらの3つの分類は、次に示すサブタイプによって構成されています。

「活動性注意」…注意の覚醒・注意の精度・注意の持続
「制御性注意」…能動的注意制御・受動的注意制御
「方向性注意」…選択的注意・転換的注意・分割的注意

認知的土台としての注意機能

注意機能は実行機能にとどまらず、全ての認知機能の土台と言っても過言ではありません。たとえば、何かを記憶しようとする時は、その対象に注意が向いていることが前提となります。認知活動の入力段階において重要な役割を果たす注意の働きが適切でない場合は、他の認知の処理能力が高くても、満足のいく結果は得られないことがあります。たとえば、記憶力がよくても集中力がないと、そもそも多くのことを覚えられないことを想像してみてください。

実行機能と注意機能の関係

実行機能は、複雑な課題を実行するために必要な「抑制」「切り替え」「更新」の認知機能から構成され、それぞれが注意機能と密接な関係があります。たとえば、「抑制」は注意を向けたい対象に注意を向け、それ以外は注意を向けないという注意のコントロール能力（制御性注意）が関連しています。同様に、「切り替え」や「更新」については、向けるべき対象に注意を移動させる転換的注意や、複数の対象に同時に注意を向ける分割的注意などの方向性注意が関連しています。いずれの実行機能の働きも、注意が覚醒していない場合は働きが鈍くなってしまいますので活動性注意の働きが欠かせません。

実行機能を適切に働かせるためには、注意機能を適切に働かせる必要がある。

実行機能は「意思の力」だけでは働かない

実行機能は自らの意思の力によって働かせることができる認知のように考えられがちです。実行機能の土台となる注意機能の観点から考えると、意思の力だけではどうにもならないことがわかります。

たとえば、私たちは40度の炎天下の中で複雑な算数の問題を長時間解くことはできません。また、寝不足の状態では、課題に集中しなければいけないとわかっていても寝てしまいます。

このように、注意機能を整えておくことは、実行機能に限らず、様々な認知活動を働かせるために必要な条件になります。

好きな子が近くにいるとドキドキして作業に集中できない！

5

注意の活動性から子どもの「やる気」を理解する

やる気を注意の活動性の観点から捉えると、決して性格的なものではなく、ましてや怠けているわけではないことがわかります。

やる気は性格の問題ではない

やる気と実行機能は密接に関わっています。しかし、日常的には、性格的な問題として捉えられがちです。そのため、子どものやる気について指摘する場合は、子どもが傷つくような厳しい言い方をしてしまったり、その子自身の問題として指摘してしまったりすることも少なくありません。

やる気が出ない時や、やる気がないと思われてしまいがちな場面を想像してみましょう。たとえば、早朝のぼんやりしてしまっている時、ミスをたくさんしてしまった時など集中できない時に、やる気がないと人からは思われてしまいがちですが、やらなければいけないという想いがあっても、このような状態になっていることはないでしょうか？　やる気があっても、それらが発揮できない状態を「注意の活動性」の観点から理解していきます。

注意の活動性について

注意には様々な働きがありますが、その土台となる働きは「**活動性**」と呼ばれるものです。具体的には、**注意の覚醒・注意の精度・注意の持続に関する働き**を指しています。

それぞれの働きがうまく働かない時の状態について確認してみると、注意の覚醒が弱い場合は、ぼんやりしている状態として確認することができます。注意の精度が弱い場合は、ミスが多い状態として確認できます。注意の持続が弱い場合は、長時間取り組むのが困難な状態として確認できます。このような状態を確認すると、それらの働きを個々に強めればいいような気がしますが、必ずしもそういうわけではありません。

注意の活動性は「覚醒」「精度」「持続」の3つの働きからなる。

注意の覚醒・精度・持続のバランスが大切

注意の覚醒が高い状態は「やる気」があるように感じられますが、ある種の興奮状態だとも言えます。興奮状態で課題を行うと課題の精度は弱くなりますし、興奮状態は長続きしません。もし、長時間の興奮状態が持続できたとしても、極度の疲労を感じる状態になることは避けられず、繰り返し覚醒を高めることは難しくなります。同様に、精度を求められる課題は覚醒を弱らせるので、注意を持続させることは困難になります。持続的に集中する課題を行う時も同様に、時間経過とともに覚醒が弱くなり、精度も低くなっていきます。このような性質を考えると、「気合」だけでは「やる気」を働かせることは困難だということが理解できます。**それぞれの発達段階や個人の特性に応じて、子どもたちの注意の活動性を生かせる課題設定や時間配分などに配慮することが「やる気」につながると**考えられます。

注意の活動性をコントロールする視点

発達段階や個人の特性に寄り添いながら教育や支援を行うと、子どもたちの活動性はどんどんと高まっていきます。しかし、必要以上に活動性を働かせ続けることは心身の疲労と関係することから、自分でコントロールすることが大切になります。たとえば、興味のある課題などは、疲れていても没頭し続けることができますが、他のやるべき課題をそっちのけにしてしまったり、疲れすぎて何もできない状態を招いてしまったりすることもあります。興奮状態の持続は、リラックスした状態と逆なので、心に余裕のない状態になりやすく、イライラしてしまうこともあります。そのような時は、あえて覚醒を弱め、持続させないということを意識することも大切になってきます。つまり、**活動性は高めるだけではなく、コントロールできるようにすることが大切**な視点になるということです。

6

注意の制御性から子どもの「興味関心」を理解する

興味のある物事には、注意を向けることは簡単にできますが、なかなかやめることができないこともあります。興味がない物事にも注意を向けるためにはどうしたらいいのでしょうか。

その集中は自分が意図しているもの？

私たちは騒音の中でも友人の話を聞き分けられる能力があります。自分が集中したいものは、他の刺激を抑制しながら、聞いたり見たりすることができます。しかし、友人と話している時に、離れたところから突然大きな物音がしたら、咄嗟にその方向に目が向いてしまうことでしょう。このように意識しなくても自動的に注意が働くシステムも私たちには備わっています。つまり、私たちには、意図的に働く「能動的注意制御」と、自動的に働く「受動的注意制御」という2つの注意制御システムがあり、うまく使い分けて生活を送っています。

> **注意の制御性は「能動的注意制御」と「受動的注意制御」の働きがある。**

能動的注意制御の特徴

意図的に注意を向け続けるためには、注意の対象とならない（したくない）ものを抑制する必要があり、多くのエネルギーを要します。つまり、注意の覚醒を高める必要があります。また、自分の興味関心があるものには注意を向けやすいものの、快楽的な性質が強いものに注意を向け続けていると自分の意思ではやめることが難しい状態（受動的注意制御）に変化してしまうことがあります。能動的注意制御を高めるためには、興味や関心に左右されず、注意を向けたいものに向け続けるという心構えが大切になります。そのためには、気が逸れてしまう状態にいち早く気づき、気分転換などをしながら、意識を向け直すことが求められます。しかし、**子どもたちの多くは、10歳前後になるまで自分の状態を適切にモニタリングする能力が弱く、気が逸れている自分の状態にも気づきにくいため、周囲の大人が適切に声かけをすることが必要**になります。

受動的注意制御の特徴

受動的注意制御は気が逸れている状態として確認することができますが、決して悪い状態とも言えません。たとえば、危険を察知する時などは、この受動的注意制御機能が役立つからです。また、気が逸れることは誰にでもあることですし、気分のリフレッシュが必要な時のサインでもあります。大切なことは、受動的注意制御が働いても、能動的注意制御に戻すことができることです。受動的注意制御は興味関心の強いものや、自分に関係することに対して働きやすい性質があります。したがって、楽しいゲームをしている時はなかなかやめることができませんし、自分の心配事も同様に考え続けてしまう傾向があります。つまり、自分の意思ではどうにもならないと感じるような状態（受動的注意制御の状態）なので、「（なかなかやめることができない状態を持続しながら）ゲームだと集中できる」というのは、制御性の観点からは集中できている状態とは言い難いのです。

能動的注意制御に切り替えるコツ

能動的注意制御は意識的な注意の活動ですので、ある意味で注意を操っている状態です。しかし、日常生活では、意識的に注意を向けることは余程のことがない限り行われません。朝起きて、服を着替える時、歯を磨く時、ご飯を食べる時、学校に行く時、何も考えなくても、まるで自動的に体が動いているかのように物事をこなしています。このような自分の活動を「自動操縦」のようにしている状態にあえて意識を向けてみることで、能動的注意制御の使い方を学ぶことができます。また、没頭している状態に気づいて少しやめてみることや、苦手な物事にも意識や注意を向けてみることで、自分が注意を向けたいことに自由に向けることができるようになっていきます。

7

注意の方向性から子どもの「真面目さ」を理解する

注意を何に向けるかということは、向ける対象によって困難さが異なります。気が逸れてしまうことは、本人の真面目さの問題ではありません。

注意の方向性とは

注意の働きを使いこなすためには、どの対象に注意を向けるかということが大切になります。1つのものに注意を向けるだけではなく、一旦向けた対象から別のものに注意を向けることが必要になることもあります。また、時にはそれら複数の対象に同時に注意を向けることを求められることもあります。このように、向ける対象を定めて注意を働かせることを注意の方向性と言います。

注意の方向性には、1つの対象に注意を向ける「選択的注意」、注意を向ける対象を切り替える「転換的注意」、複数の対象に同時に注意を向ける「分割的注意」があります。能動的に注意の方向性が働く場合は「真面目に取り組んでいる」と評価されますが、受動的に働いてしまう場合には反対の評価になることも少なくありません。ここでは、注意を向ける対象の性質と方向性について、本人の真面目さだけの問題ではないことを理解していきます。

注意の方向性は「選択的注意」「転換的注意」「分割的注意」の働きからなる。

選択的注意の働きについて

複数の刺激の中から1つの対象に注意を向ける選択的注意は、方向性の基礎的な働きです。対象となる刺激が注意を向けやすいものであれば、**選択的注意は能動的に働きやすく**なります。しかし、注意の対象が不快なものであれば、意図的に注意を逸らしやすくなり、興味関心がない対象の場合は、選択し続けることが困難になります（注意の覚醒が弱くなります）。また、注意の対象外となる刺激の性質によっても選択的注意の制御性は変化します。たとえば、注意を向ける対象よりも興味関心が高い刺激や、心配事などの内的な刺激がある場合は、それらに**受動的に注意が働きやすい**ため、対象となる刺激に能動的に注意を選択して向けることが難しくなります。

転換的注意の働きについて

注意を向けていた対象から別の対象に注意を向ける転換的注意は、実行機能の「切り替え機能」の主要な認知の働きです。集中していたことから他のことに気が逸れてしまうのは、受動的な転換的注意と言えます。したがって、転換的注意の制御性の働きのメカニズムは、選択的注意のメカニズムと類似しています。**「真面目でない」と評価されてしまう**

注意の働きは、転換的注意が受動的に働く時に多いようです。また、それらが短い時間で頻繁に働く転動性と呼ばれる状態も同様に不真面目だと評価されやすいかもしれません。これらの背景には、注意を向ける対象とそうでない対象の性質が大きく関わってきますので、一概に本人の不真面目のせいだとは言い切れません。能動的に注意の転換が行えないもう1つの状態に**「注意の固着」**があります。**注意を別のものに向けたくても、注意を向け続けることがやめられないという状態**です。この状態は、選択的注意が受動的に働いている状態と捉えるとメカニズムを理解しやすいかもしれません。

分割的注意の働きについて

複数の対象に同時に注意を向ける分割的注意は、聖徳太子伝説（10人の話を一度に聞き分ける）が想像しやすい例だと思います。先生の話を聞きながら板書を確認してノートに書くというのは、分割的注意の能動的な働きです。これらの作業ができないと不真面目と思われがちですが、私たちが聖徳太子に及ばないように、子どもたちは器用に複数の刺激を同時に処理する能力が未発達であることが多いことを理解しておく必要があります。

8

注意の働きから子どもの学びと適応を理解する

子どもの学びと適応を注意の働きから理解することは、子どもの「やる気」や「真面目さ」を個人の性格としてレッテル貼りしないで、支援の対象として工夫する視点につながります。

注意の働きの全体像を捉える

注意の「活動性」「制御性」「方向性」についてそれぞれ概説してきましたが、これらの機能はそれぞれが単独で働いているわけではなく、複合的に絡み合って働いています。左図はそれらの働きの全体像を表現したものです。教育場面においては、能動的に注意を選択したり、転換したり、分割したりすることが、子どもたちにとっては大切になってきます。教員や支援者側からすると、子どもたちの受動的な注意が働かないように環境調整をしたり、受動的注意の働きを生かすために、授業課題に関連する興味を持ちそうな話題を提示したりするなど、受動的な注意の働きを調整することも大切になります。

注意の働きと子どもの学び

子どもの認知機能の発達の中でも、注意機能の発達はとても重要な位置づけにあります。これまでもお伝えしてきた通り、注意機能が他の認知機能の土台になっていることももちろんですが、**注意機能は様々な認知機能の弱さを補うこともできる**からです。たとえば、難しい英単語を1回で覚えることはできないにしても、何回も繰り返し練習して覚えることができれば、「暗記ができた」という結果は同じです。しかし、暗記に限らず、反復学習やじっくり問題と向き合うという姿勢は、（ここまで読んできた読者であれば）複合的な注意機能の働きであることを理解していただけると思います。

苦手な課題にじっくり取り組む際は特に、注意機能の働きが弱くなりがちですが、そのような時こそ集中し続ける能力が重要になってきます。このような注意の能力や姿勢は、第3章で紹介する様々な環境調整や支援で促進することができます。また、**記憶力は鍛えにくいですが、集中力は鍛えやすい**という側面もありますので、注意のトレーニングは、子どもの学習に有効に働くことが考えられます。

注意の働きと子どもの適応

子どもの適応を考えるうえで大切にしたいのは感情制御の側面です。友だちと遊んでいた休憩時間の楽しさが消えなくて、授業中も興奮した状態で集中できない子どもは、能動的な転換的注意の働きが弱い子かもしれません。また、一旦怒り始めると怒りが一日中おさまらない子どもにも同様の働きの弱さが当てはまります。このような状態は受動的注意制御の状態であるため、能動的に自分がやらなければいけないことに注意を移したり、自分の感情から離れたりすることを難しくします。このような状態から脱する能力についても、第3章で紹介する注意訓練やマインドフルネスのトレーニングで改善が可能となります。

子どもの学習と適応に共通した認知的土台としての注意機能

学習問題にじっくりと取り組める注意能力が強い子は、気になること（雑念や不快感）があっても気分を乱さずにいられます。このように、学習や適応における注意制御の働きは、それぞれの場面に特有な働きがあるわけではなく、共通した注意の働きによって、学習と適応を同時に促進することが可能となります。注意機能は10歳前後から顕著に発達する機能ですので、幼少期からその土台を盤石にしておくことが大切です。

9

実行機能における「メタ認知」の位置づけを知る

実行機能を適切に働かせるためには、自分の実行機能の特徴を理解したり、それらが働いている状態をモニタリングしたり、コントロールしたりするような「メタ認知」の機能が重要な役割を果たします。

メタ認知機能の分類について

メタ認知の「メタ」は「高次の」という意味です。私たちは普段、自分が何を考えているかということを気にせずに、いろんなことを考えたり判断したりしています。この一般的な状態の認知は「対象レベルの認知」と呼ばれています。対象レベルの認知について高次なレベル（メタレベル）から認知することをメタ認知と言います。もっと平たく言ってしまうと、自分の認知活動を客観的に捉える活動や、自分の考えていることや感じていることについての知識と言えます。

メタ認知の定義も注意の分類と同様に、研究者の中で一貫したものはないのですが、本書では「メタ認知的活動」と「メタ認知的知識」に分類し、子どもの適応と学習の観点から、実行機能の働きと照らし合わせながら概説していきます。これらの分類は、次に示すサブタイプによって構成されています。

「メタ認知的活動」…メタ認知的モニタリング・メタ認知的コントロール
「メタ認知的知識」…人の認知特性に関する知識・課題や方略に関する知識

実行機能の土台としてのメタ認知

本書では、実行機能を「複雑な課題を遂行する時に必要となる、課題のルールの維持や切り替え、情報の抑制や更新などの認知システムや認知コントロールに関する機能の総称」と定義しました（❶参照）。メタ認知機能の分類と照らし合わせると、「認知コントロールに関する機能」という実行機能の働きは、メタ認知的活動の機能とも言えます。また、「課題のルールの維持や切り替え」という実行機能の働きは、メタ認知的知識が重要な役割を担っていることがわかります。自分自身がどのような課題でどのような方法を使うことを得意としているか（苦手としているか）というメタ認知的知識と、実際に課題を行っている時の作業状態を確認したり調整したりするメタ認知的活動を適切に働かせることは、実行機能を最大限に生かすための必須要件となりえます。本書では、メタ認知機能の分類とその働きについて概説し、メタ認知を促進する具体的な支援方法についても紹介します。

「メタ認知＝よい認知機能」とは限らない

メタ認知は教育や心理の臨床分野で研究され、実践的な観点からも検討されている心理変数です。そのため、メタ認知はよい認知機能と思われがちですが、それは大きな誤解です。たとえば、「私は女性なので理系科目の問題を解くのは苦手だ」という思い込み（メタ認知的知識）は妥当性のない知識です。同様に、心配事をじっくり考えることは役に立つというメタ認知的知識も同様です（役に立ちません）。メタ認知的活動についても同じことが言えます。たとえば、**「心配をしないように考えないようにしよう」というメタ認知的活動は、かえって心配が頭から離れない状態を作ってしまう**ことがわかっています。このように、不適切なメタ認知をよい認知として活用しないためにも、メタ認知についての正しい知識と活用法が大切になります。

> **実行機能を生かせるメタ認知的知識とメタ認知的活動を理解しておくことが大切。**

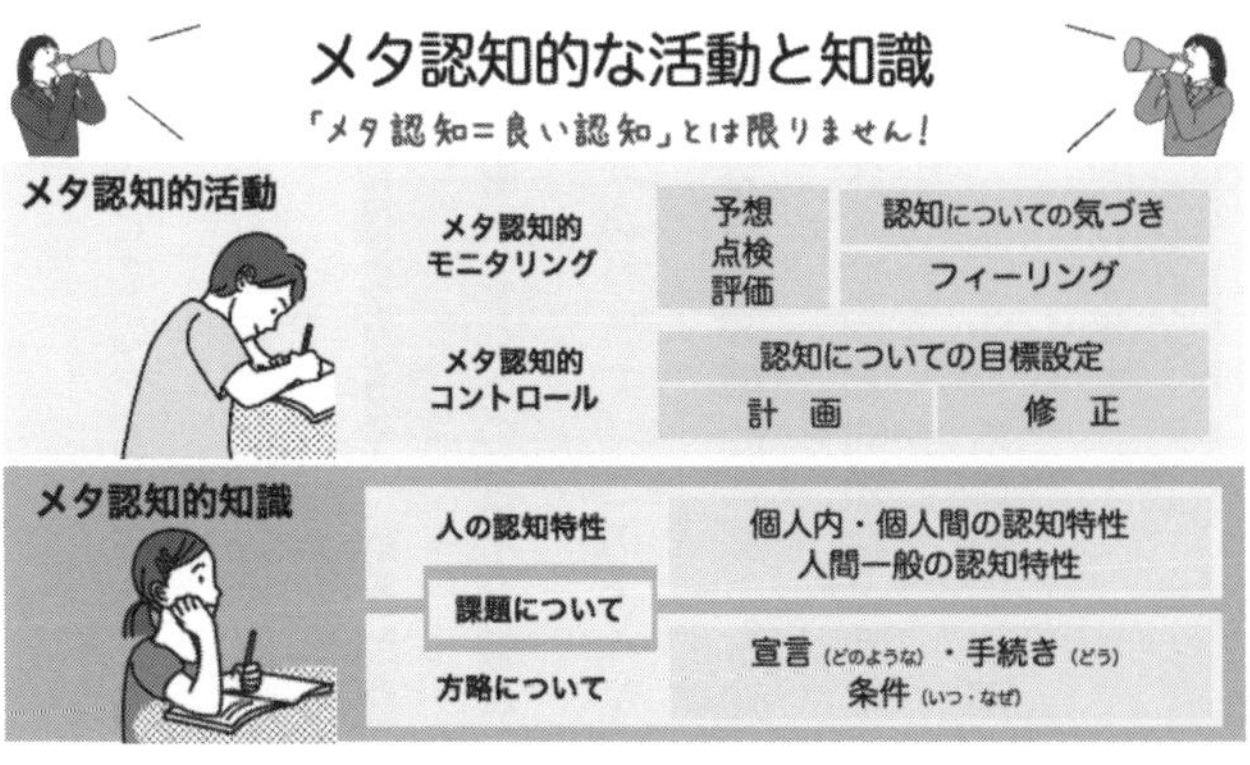

10

メタ認知的知識から子どもの「自信」を理解する

子どもの学習意欲を左右するものに、記憶力に関する自信のなさや、計算問題を解くことへの苦手意識などがあります。このような自分の認知機能に関する知識はメタ認知的知識と呼ばれ、子どもたちの自信と深く関わります。

メタ認知的知識の分類

メタ認知的知識とは、自分がどのように考え、行動する傾向があるかを知識として知っていることです。平たく言えば、自分の認知に関する知識です。メタ認知的知識は、次のように分類することができます。

- 「人の認知特性に関する知識」…「個人内」「個人間」「人間一般」の認知特性
- 「方略に関する知識」…「条件的知識」「宣言的知識」「手続き的知識」
- 「課題に関する知識」

実行機能に関するメタ認知的知識の獲得で気をつけたいこと

小学校の高学年になる頃には、暗記が得意か不得意か、じっくりと考えることができるかできないかなど、自分の認知の特徴についての知識が蓄えられています（人の認知特性に関する「個人内」の知識）。それらの特徴を人と比較しながら（個人間の知識）、人間一般の知識として蓄積されます（「うるさい環境では誰でも集中できない」など）。これらの知識と同様に、どんな時に（条件的知識）、どのような（宣言的知識）、どのように（手続き的知識）、認知的・行動的な方略を使うかというメタ認知的知識を獲得し、そのレパートリーの多さが、子どもの適応と学習に影響してきます。

メタ認知的知識を獲得する際に重要なことは、できないことに注目するのではなく、できていることに注目することです。また、**できないことや不得意なことに関するメタ認知的知識については、それを検証してみること**をおすすめします。というのも、ある女子高生が「私はいろんなことを同時にできないから、勉強や課題がうまくこなせない」と悩んでいましたが、都心のコンビニでアルバイトをしている様子を聞くと、むしろ、実行機能は高いのではないかと思えました。彼女の場合は、勉強の方法や習慣が身についていないことが原因だったのですが、勉強などの悩みを抱えると実行機能などの弱さに原因を求めやすいことがあります。このような誤解によるメタ認知的知識は、勉強への動機づけを弱め、自己評価を低くするため、その獲得プロセスには十分に気をつけなければなりません。

自信を高めるメタ認知的知識を身につける

子どもたちは自身の得意なことをどのように評価しているのでしょうか。ある子はテストの得点がよいことが基準になっているかもしれませんし、ある子は親から褒められたことを基準にしているかもしれません。これらはいずれも「結果」によって、自信を維持できている状態です。しかし、これらの結果に基づく自信には脆い側面があります。極端に言ってしまえば、思うような高得点がとれなくなったり、親が褒めてくれなくなったりすれば、自信は維持できなくなってしまいます。このような状態が続くと、子どもたちは自分の認知能力を弱いものとして、ネガティブなメタ認知的知識を蓄積してしまうかもしれません。子どもたちが夢中になるゲームや遊びは、なかなかすぐには高得点がとれる仕組みにはなっていませんが、それでも、子どもたちはゲームに関するメタ認知的知識に自信を持っています。それは、「ここで失敗する場合は、こういうやり方をした方がいい」というプロセスに焦点を置いた評価によってメタ認知的知識を形成しているからです。実行機能は知能指数とは異なり、発達や環境によって大きく変化する認知機能です。「苦手なことも工夫することでできるようになる」というメタ認知的知識を獲得できれば、どんなことにも挑戦し、失敗しても挑戦し続けることができる子どもに育ちます。

できなかった結果よりも、どのようにすればできるかというメタ認知的知識が大切。

11

メタ認知的活動から子どもの「自己効力感」を理解する

実行機能の働きを活性化するためには、「取り組んでいる課題が完成する」という期待を持ち続けられることが大切になります。何がわかっていないかを確かめながら学習や振る舞いを観察することがコツになります。

メタ認知的活動の分類とメタ認知的知識との関係

メタ認知的活動は「メタ認知的モニタリング」と「メタ認知的コントロール」から構成されています。それぞれが独立して働いているのではなく、相互に連動して働いています。メタ認知的モニタリングは、メタ認知的知識の情報をもとに、自分自身の認知は適切に働いているか、適切に行動ができているかということを監視する活動のことを指しています。メタ認知的コントロールは、メタ認知的モニタリングとメタ認知的知識の情報をもとに、自分の認知の働き（たとえば集中力）や行動を制御する活動のことを指しています。それぞれのメタ認知的活動は、次のようにさらに分類されます。

「メタ認知的モニタリング」…認知への気づき・予想／点検／評価・フィーリング
「メタ認知的コントロール」…認知についての目標設定・計画・修正

メタ認知的活動とメタ認知的知識

メタ認知的知識が適切でない場合は、不適切なモニタリングやコントロールを行ってしまいます。たとえば、「怒りについて考え続けることは役に立つ」というメタ認知的知識がある場合、自分の怒りに関する感情や認知（敵意）を反芻することを続けてしまいます。

怒りの反芻は感情を悪化させ、攻撃行動の原因にもなることが明らかにされています。学習場面においても同様に、「情報をボトムアップ的に理解する方法は役に立つ」というメタ認知的知識がある場合、トップダウン的に理解した方がよい場合でも、ボトムアップ的な処理をしてしまうことが生じてしまいます。

メタ認知的活動と注意制御機能

メタ認知的活動の働きは、対象レベルの認知（普段使っている認知）の監視と制御にあると言えます。しかし、私たちは普段からメタ認知を使っているわけではなく、集中している時などは対象レベルで物事を考え、記憶しています。特に、難しい内容や不快なことなどは、俯瞰して考え続けることが難しく、自らの思考に巻き込まれている状態にさえ気づかないことがあります。たとえば、心配が始まってしばらく経つと、「こんなに悩んでいたのか」と心配（対象レベルの思考）に気づくことがありますが、またしばらくすると、友人に話しかけられるまで、心配に没頭してしまう状態になることがあります。

このように、対象レベルの思考が刺激的な場合は受動的注意が働きやすく、モニタリングの意識が弱まってしまいます。反対に考えると、メタ認知的活動の働きを高めるためには、能動的注意の制御性を高める必要があります（第3章を参照）。

メタ認知的活動を適切に働かせるためにはメタ認知的知識と能動的注意制御が大切。

メタ認知的活動は「プロセス」と「主観性」を重視する

小学校低学年の学習課題は、「入力―記憶―出力」という単純な認知処理によって解答ができるものが多くあります。しかし、学年が上がってくると正解か不正解かという結果だけではなく、解答のプロセスも重視されます。具体的には「この前のやり方ではうまくいかない」ということをモニタリングし、別の考え方に修正（コントロール）する試行錯誤に学習の本質が置かれることも増えてきます。また、高学年になると、注意を複雑に使うようになりますので、自らの集中力の状態をモニタリングしてコントロールすることも大切になります。これらの集中力の制御については、**他者の基準や評価にとらわれることなく、自分の感覚として制御できているか否かという主観的な制御感が大切**になってきます。

12

メタ認知の働きから子どもの学びと適応を理解する

自身の実行機能の特徴を適切に理解し、コントロールするメタ認知の働きは、学習や適応についての自己理解を深めることにつながります。そのため、適切なメタ認知の活動と知識をサポートすることが大切になります。

メタ認知の働きを適切に促すための要点

メタ認知には「知識」と「活動」のサブタイプがあり、これらが連動しながら認知機能の働きをモニタリングしたりコントロールしたりしています。大雑把に言うとメタ認知は、自己を観察しながら変化させる働きなので、メタ認知が発達する10歳頃から自己理解も深まっていきます。私たち支援者が、子どもたちのメタ認知を適切に促すためには、子どもたちの記憶や思考の妥当性ではなく機能性に着目した関わりが大切になります。そしてこれらの関わりは、実際の場面においてリアルタイムでフィードバックしながら、徐々に子どもが自分自身で涵養してくことが大切になります。

メタ認知の働きと子どもの学び

学習に必要な認知機能をあげてくださいと言われたら、多くの人は「記憶力」をあげると思います。しかし、記憶力に限界があることは経験的にも自明のことです。また、思考力を問われるような問題は、記憶力だけでは深い学びにはつながりにくいこともあります。**記憶を重視した学びは、問題と答えが一対一の関係であるのに対して、メタ認知の働きを重視した学びは、汎用性と応用性を有していることが特徴**です。子どもの学びを深めるためには、答えが合っているかどうかよりも「どう考えているか」というメタ学習が大切になります。極端なことを言ってしまえば、答えが合っていなくても考え方（解法や思考のプロセス）が合っていればよいということです。しかし、多くの子どもたちは人と比較して、テストの結果などで自分が「できる・できない」と評価しがちですので、メタ認知のプロセスを適切に評価できるような視点を提供することが学習支援のポイントになります。

何を知っているかではなく、どのように考えることができるかを知ることが大切。

メタ認知の働きと子どもの適応

メタ認知的活動が適切に働くことで、心の余裕につながります。反対に、不適切なメタ認知の働きは、思考を鈍らせ、感情に不安定さをもたらします。嫌なイメージや思考が浮かんだ時、私たちはそれらのイメージや思考を過剰にモニタリングし、消し去ろうとしてメタ認知を不適切にフル活動させてしまいがちです。しかし、これらのメタ認知的な活動が役に立つことはなく、いつの間にか思考やイメージに飲み込まれてしまい（メタ認知の働きが弱化)、ますますネガティブな状態になってしまいます。この状態は、注意制御がうまく働いていない状態でもあります。子どものメタ認知は発達過渡期であるため、これらの思考やイメージを能動的にメタ的なコントロール下に置くことは困難ですので、支援者が自己注目の状態に気づかせ、思考や感情と距離をとる方法を適宜教えることが大切になります(詳細な方法は第2章で検討します)。

子どもの学習と適応に共通した認知的土台としてのメタ認知機能

メタ認知は普段からずっと働かせている認知機能ではありません。普段は考えていることに没頭していたり、感じたことをそのまま受け入れたりしています。しかし、考えすぎている状態にふと気づいて、距離をとって自分の考えていることや感じていることを観察することで、新たな発見や心のゆとりが生まれます。メタ認知に含まれる「気づき」や「観察的な態度」は、学習と適応に共通した重要な自己理解をもたらします。自己理解に乏しい子どもたちに、自分なりのオリジナルの方法と強みの自覚をもたらすためには、**子どもたちのメタ認知のプロセスに対してポジティブなフィードバックをし続けることが大切になります。**

13

実行機能における「ワーキングメモリ」の位置づけを知る

実行機能の「更新」の働きは、ワーキングメモリの働きと類似しています。ワーキングメモリも、様々な認知機能の働きの総称ですので、その詳細を実行機能の土台として理解しておくことは大切です。

ワーキングメモリの分類について

ワーキングメモリも他の認知機能と同様にその定義は様々ですが、**「情報を一時的に保持しながら操作する認知機能の働き」**という点は共通しています。情報を一時的に保持するという点においては、短期記憶の一種とも言えますが、情報を能動的に操作するという点は短期記憶と区別されます。ワーキングメモリの典型的なモデルを図に示しました。このモデルの特徴は、情報の種類によって保持されるシステムが異なることです。音声情報は音韻ループに、視覚的・空間的情報は視空間スケッチパッドに保持されます。そして、これらの情報を統合したものはエピソード・バッファに保持され、長期記憶へのアクセスと統合が行われます。そして各システムの統合・管理・操作は中央実行系が担って働いているという仕組みになっています。

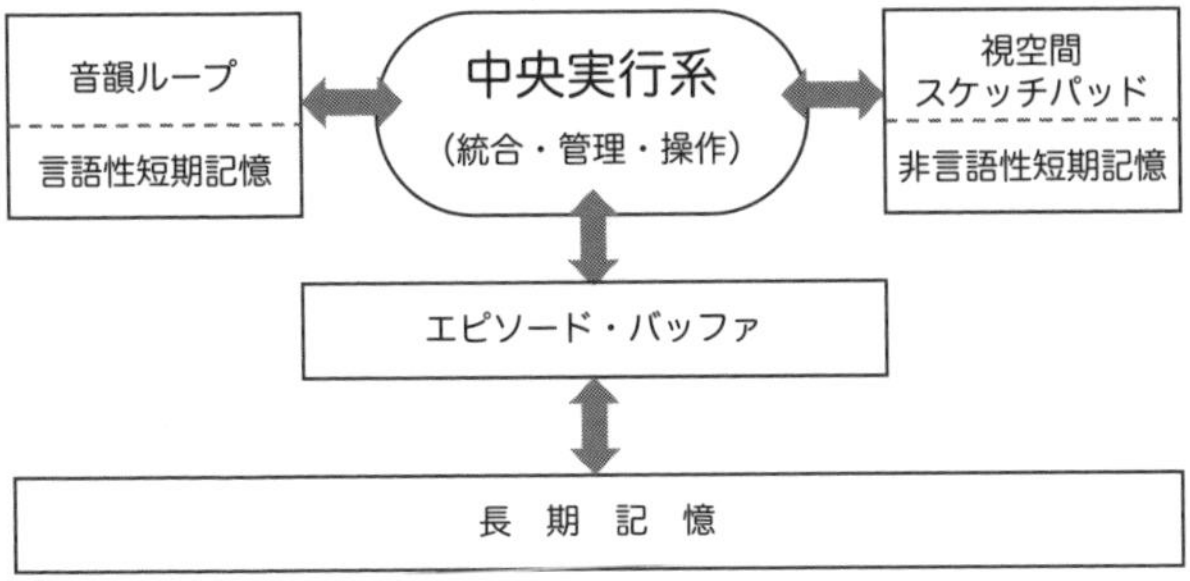

Baddeley（2000）

実行機能の土台としてのワーキングメモリ

実行機能は「抑制」「切り替え」「更新」の働きで構成されていることは、本書の冒頭でお伝えした通りです。**ワーキングメモリは短期記憶に似た働きを持っていますが、情報を保持しながら「操作する」という点において、実行機能の「更新」と類似しています。**

たとえば、先生が明日の持ち物について説明している時に、その情報を連絡帳に書き取る作業はワーキングメモリの働きを必要とします。具体的には、先生の話している内容を一時的に覚えながら連絡帳に書き取り、書き取った情報とは異なる情報があれば、それらを新しい情報として再び覚えながら連絡帳に書き取るプロセスになります。実際には、ワーキングメモリ（実行機能の更新機能）だけを働かせているだけではなく、クラスメイトたちから聞こえてくる話し声に「抑制」を働かせ、「聞くこと」と「書き取ること」のどちらに注意を強く向けるかという「切り替え」も働かせるなどして、実行機能を総合的に働かせています。

実行機能の「更新」はワーキングメモリの働きと関連が深い。

ワーキングメモリは鍛えるよりも寄り添う視点が大切

ワーキングメモリはトレーニングで鍛えにくい認知機能の1つです。このような変化しにくい認知機能の特徴から、ワーキングメモリは知能検査の指標の1つにもなっています。しかし、このような認知機能であるにもかかわらず、トレーニングによってワーキングメモリを強くするために鍛えようとする根強い教育的動向があるのも事実です。トレーニングそのものを批判するわけではないですが、苦手な機能を鍛える視点は、時として子どもの自信をなくさせることにもつながります。**私が提案したいのは、ワーキングメモリに寄り添う視点で支援を展開すること**です。

具体的には、**ワーキングメモリに負担をかけないアプローチ**を心がけます。具体的な方法は第2章と第3章で紹介しますが、たとえば、もともと知っている知識を生かしたり、長期記憶を用いたりする方法で、ワーキングメモリの負担は軽減されます。わかりやすく短い説明も同様です。他にも、ワーキングメモリによる処理とは別の認知機能を代用して問題解決をする方略の獲得（メタ方略の獲得）も有効です。何より、心に余裕を持てるような支援は、子どもの少ない処理資源を枯渇させない、メリットある重要な方法です。

14

ワーキングメモリから子どもの「ぼんやり」を理解する

実行機能の中核的な認知機能の1つであるワーキングメモリは多くの処理資源を使います。そのため、ぼんやりすることで休息することは自然なことですが、ぼんやりから抜け出せない時は要注意です。

注意が逸れてしまう「ぼんやり」の状態

私たちが働いている時、その業務内容に全神経を集中して仕事をしているわけではないようです。1日の半分程度は、ぼんやりしていたり、目の前の課題や仕事とは関係ないことを考えたりするという研究結果を知った時は驚きましたが、よくよく考えてみると、ずっと目の前のことに集中し続けることはとても難しいです。**ぼんやりしている状態は「マインドワンダリング」**と呼ばれ、**目の前の課題とは関係ない思考は「課題無関連思考」**という名称で、ワーキングメモリとの関連が研究されています。ここではそれらの特徴を整理しながら、実行機能の土台となるワーキングメモリの特徴について理解していきたいと思います。

ワーキングメモリの弱さと「ぼんやり」との関係

ワーキングメモリは課題をこなすために役に立つ認知機能です。しかし、**ワーキングメモリが弱い場合、課題の性質によっては課題無関連思考が生じやすい状態**になってしまうことがあります。たとえば、課題の困難度が高ければ高いほど、ワーキングメモリの弱い人は課題無関連思考が生じやすくなります（努力が求められる課題も同様です）。一方で、ワーキングメモリが強い人は、課題の困難度や努力の度合いが高まるほど、課題と関連のある思考が生じる状態にあります。では、ワーキングメモリの弱い人は、どんな課題でも課題無関連思考を生じさせてしまうのかというとそうではありません。集中力が求められる課題になるほど、課題に関連する思考が生じやすくなることが明らかになっています。つまり、課題の性質によっては、ワーキングメモリが弱くても、ぼんやりすることなく授業に集中できるということです。

ＡＤＨＤとワーキングメモリ

ＡＤＨＤはワーキングメモリの弱さが課題になっていると誤解されている方が多くいらっしゃいます。たしかに、「課題を最後までやり遂げることが難しい」「気持ちの浮き沈みがある」「注意散漫になりやすい」などの共通した特徴もありますし、ワーキングメモリが弱いＡＤＨＤの子もいます。しかし、それぞれの行動の背景は、ＡＤＨＤとワーキングメモリの弱さでは違いがあります。たとえば、注意散漫について考えてみたいと思います。**ＡＤＨＤの子は「特定の課題に注意が向きにくい」という背景があります。**それゆえに、自分の興味があるものには注意を向けることは可能であり、時として課題とは無関連な行動を行ってしまうため、注意散漫に見えるというのが実情です。一方の**ワーキングメモリが弱い子は、「課題に取りかかるがついていけない」という背景があります。**一度に処理できる容量に制限があるためにキャパオーバーになりやすく、注意散漫になってしまうというのが実情です。このように、同じように見える注意散漫でも背景が異なり、必ずしも、ワーキングメモリの低さがＡＤＨＤの要因ではないことがありますので、診断を受ける子の情報提供をする場合は細心の注意が必要になります。

ワーキングメモリの弱さとＡＤＨＤを混同しない。

ぼんやりを叱らず支援に生かす

子どもたちは、ぼんやりしたくてしているわけではありません。そのように考えると、ぼんやりしていることを叱ったりすることに疑問を感じます。ぼんやりする状態が長い場合は、ぼんやりする背景にアプローチしながら、適切な声かけと支援を行います。

15

ワーキングメモリから子どもの「精神状態」を理解する

実行機能は精神状態と密接な関係があります。気持ちが焦っている時は、思い通りに実行機能が働かないこともあります。実行機能を働かせやすくするためには、心に余裕がある状態を作り出すことが大切です。

精神状態とワーキングメモリ

心が落ち着かない時や落ち込んでいる時は、ワーキングメモリが働きにくい状態にあります。本書で取り上げている「注意」や「メタ認知」といった認知機能も、精神状態が安定していない時は、その働きが十分に発揮できないのは同様ですが、ワーキングメモリにおいては、特にそれが顕著になります。情報の保持と操作という複合的な認知機能を連動させるワーキングメモリ（実行機能における更新）は、ただでさえ複雑な働きをするのに、不安な状態などである場合は、不安で頭がいっぱいになってしまい、目の前の課題に関する情報を保持するための余裕がありません。ましてや、頭の中は不安に関する情報を操作し続けているので、目の前の課題に関する情報の操作が疎かになっていきます。つまり、精神状態がよくないと、ワーキングメモリを必要とするような課題に関する情報は入力段階で適切な処理がされず、保持や操作という更新機能は停止状態になってしまうのです。

第2章ではこの状態を注意やメタ認知の機能を使って打開する方法を紹介しますが、心に余裕がある状態でこそ、ワーキングメモリが生かせるという視点を確認しておくことが大切になると思います。

新寄場面とワーキングメモリ

ワーキングメモリの働きを生かせない状態は、前述した不安や抑うつなどの精神状態（気分）によるものの他に、新寄情報の処理があります。不快気分を感じている時のワーキングメモリの働きは、それらの気分に関する情報を優先的に処理してしまうために、適切な情報の保持や操作を行える余裕がないということが問題でした。新寄情報の処理の問題は、保持という記憶処理の難しさにあります。たとえば、日本語のテキストを書き写すことは、フランス語のテキストを書き写すよりも簡単に感じると思います。フランス語に馴染みのない人にとって、フランス語は長期記憶にない情報で、単語1つを記憶（保持）するのもやっとのことで、それを書き写すのは骨が折れる作業です。しかし、フランス語を勉強した人にとっては、ある程度の単語数や文章をいっぺんに覚えて書き写せるはずです。

このように、**ワーキングメモリを働かせやすくするためには、長期記憶をうまく使えることがカギ**になります。知っていることは、保持する処理に負担がかからないということがカギになります。このように考えると、反復練習で学習の自動化ができるようになることは、ワーキングメモリの処理負担の軽減につながる手続きとも考えられます。

ワーキングメモリを「注意」と「メタ認知」と連動して実行機能として働かせる

ワーキングメモリは実行機能における「更新」の機能に該当することは前述した通りです。特にワーキングメモリは、実行機能の中核的な機能であると考えられますが、その働きを適切に活性化させるためには、注意とメタ認知との連動が必要不可欠になります。「更新」を実行するためには、自分の認知処理の特徴を理解して（メタ認知的知識）、どのように働いているかということをモニタリングし、必要な時はコントロールする必要があります（メタ認知的活動）。このメタ認知のプロセスは、実行機能の「抑制」「切り替え」に該当する機能でもあります。同様に、注意の観点からは、情報を取捨選択し、必要な情報に注意を向け続けたり、切り替えたり、同時に注意を向けたりする柔軟性が求められます。この注意プロセスも実行機能の「抑制」「切り替え」に該当する機能でもあります。

ワーキングメモリを注意とメタ認知との連動から把握する。

16

ワーキングメモリの働きから子どもの学びと適応を理解する

実行機能の中核的機能であるワーキングメモリの働きは、他の認知機能の特徴を生かし、組み合わせることで補うことができます。ワーキングメモリが学習と適応の全てではありません。

ワーキングメモリの働きを適切に促すための要点

ワーキングメモリには、情報の保持と操作を同時に処理する複雑な働きがあり、困難な課題になるほど多くの処理資源が必要になります。また、課題が困難でなくても、気分がよくない時は処理資源が枯渇しやすく、目新しい情報に対しては保持の処理が困難になることで、ワーキングメモリの働きが弱くなることを前述してきました。

子どもはもともと、ワーキングメモリを働かせるための脳機能が十分には発達していません。また、個人差も大きい時期であることを考えると、**ワーキングメモリに負担をかけない環境づくりや教育支援が何より大切**になります。具体的な環境づくりや教育支援の方法は第2章で紹介しますが、ここでは、「動機づけ」や「教室のムード」の観点から、ワーキングメモリと学びや適応の関連について考えてみたいと思います。

ICTを用いた子どもの学びとワーキングメモリ

学年が上がるにつれて、ワーキングメモリが必要となる学びの機会が増えてきます。低学年の時は、「先生の話を聞く→先生の板書を見る→プリントや教材に書き込む」というように、聞く・見る・書くというそれぞれの作業が完成してから別の作業に移行します。

低学年ではワーキングメモリが発達していないことを前提に、ワーキングメモリに負担をかけない配慮がされています。しかし、学年が上がるにつれて、先生の話を聞きながら板書をすることが前提となってきて、授業で学んでほしい本質的な内容ではなく、「作業」の内容に気をとられてしまうことで処理資源を使い切ってしまいます。

板書が大切な学びにつながることは否定しませんが、授業内容に没頭してもらうためにＩＣＴを利用したり（板書の撮影・授業の録音・録画）、板書の負担を減らすプリントを配付したりすることで、全ての子どもの学びを深める仕掛けを作ることができます。

正答への即行性を求めない学びとワーキングメモリ

ワーキングメモリと学びについて考える際には、ワーキングメモリを働かせることの目的についても考えてみたいと思います。ワーキングメモリの強い子は、問題が速く解け、要領よく課題をこなすことができるのは事実です。

教室で支援をしていると、正答への即行性について褒められることを望むムードを感じることがあります。もちろん、そのこと自体も大切なことかもしれないですが、「じっくり悩んで解答まで辿り着いた」ということを認め合える（少なくとも先生は評価してくれる）というムードにも重きを置いてほしいと願っています。そうすれば、子どもたちは、学習の本質的な部分にワーキングメモリを安心して使うことができるからです。

ワーキングメモリの働きと子どもの適応

ワーキングメモリは動機づけに影響されやすい認知機能の1つです。ワーキングメモリを働かせたくても、やりたくないことに取りかかるのは難しいですし、取りかかっても「課題無関連思考」が邪魔をして、想像以上に苦労をします。つまり、ワーキングメモリを生かすためには、やりたくないという消極性をいかに打開するかが要点になります。

特に、ワーキングメモリの低い子どもたちは、処理資源が少ないので、ますます課題を中断しやすくなってしまいます。この動機づけの問題を解決する方法は、自分のために我慢してでも行いたいこと（価値に基づいた行動【自分をダメにしない行動】）を意識することや、注意をうまく転換する方法を身につけることです（第2章と第3章で紹介）。

まさに、実行機能は「抑制」「切り替え」の働きそのものですが、**注意やメタ認知の機能を整えることで、「今ここですべきこと」に対して、自分で意識を向け続けられるように**なります。

第2章

学習と適応のための「実行機能」のサポート

17

子どもの実行機能の特性と状態を理解した学習の支援

子どもの学びを深めるためには、発達段階をふまえながら、その子に特有の実行機能の働きを理解して支援することが大切になります。

子どもの実行機能を理解する方法

実行機能は大きな概念で、統一的な定義も定まっていません。そのため、**子どもの実行機能を理解するためには、実行機能の土台となっている「注意」「メタ認知」「ワーキングメモリ」などの認知機能に着目しながら、それらが学習場面にどのように生かせているかをアセスメントして支援することが必要**です。

もちろん、実行機能を測定するための標準化された尺度（例：マクロスキー実行機能尺度）や、知能検査（例：ＷＩＳＣ）などの結果を併用することで有益な情報を得ることができます。しかし、これらの検査結果は、必ずしも特定の実行機能を測定しているとは言えないこともあるので（例：別の認知機能で代替している場合がある）、心理学の専門家からも解釈に関する助言を得られるとよいでしょう。

子どもの学びと実行機能の関係をアセスメントする前には、視聴覚障害や読み書きの障害などの有無について確認しておく必要があります。障害とまではいかなくても、子ども自身が苦手とする環境などについても把握しておきます。実行機能の観点から支援する際には、これらの障害をふまえたうえで学びの環境を整える必要があるからです。

学びの環境を整えながら支援する

実行機能は発達する認知機能ですが、環境の影響を強く受けることを忘れてはいけません。子どもの認知機能が弱い場合、それらの機能を促進させる教育的なトレーニングを支援の主軸に考えてしまいがちですが、**「環境を整える」ということが何よりも肝心**です。

環境を整える支援は、教室環境を整えるというものもありますし、一斉授業での教え方を工夫するというものもあります。何よりも大切な環境は、子どもたちが困った時には質問でき、援助要請ができる雰囲気です。どの環境から優先的に取り組んだらよいかと悩む場合は、安心できる環境（質問できる・援助要請できる環境）を作ったり整えたりするところから取り組むといいと思います。なぜなら、実行機能は安心して取り組める環境でこそ働かせやすいからです。

実行機能の認知要素をトレーニングする

本書では、実行機能の土台となる認知機能を促進するアプローチについても紹介しています。しかし、前述したように、環境を整えることを軸にしながら、認知機能をトレーニングしてください。実行機能そのものを包括的にアセスメントすることが難しいように、実行機能を包括的にトレーニングすることも難しいのです。第1章では、実行機能を「注意」「メタ認知」「ワーキングメモリ」の認知要素に分けて説明してきました。それらの認知要素を個々に、または連動させて促進する方法について紹介します。そのためには、第1章の理論的な背景が重要になります。認知関連のトレーニング教材やワークをやみくもに実施したからといって、学習は促進されないからです。どのような認知的特徴によって、学習が困難になっているかという仮説を立てて、その子に合ったトレーニングを一緒に行っていくことで、トレーニングの効果は発揮されます。そのためには、アセスメントをするうえでも、教材を提供・作成するうえでも理論は重要になります。

学習のプロセスを発話思考法で理解する

実行機能の働きが弱い子の多くは、何に困っているかが、自分自身で理解できなかったり、上手に伝えられなかったりすることがあります。そのような場合は、通常の観察やアセスメントに加えて、**発話思考法**を用いることをおすすめします。発話思考法は考えていることをそのまま口に出してもらいながら、問題を解く方法です。そのため、**子どもが困っているプロセスに直接アクセスできる**メリットがあります。

18

子どもの実行機能の特性と状態を理解した適応の支援

子どもが自分らしく学校生活を送るためには、実行機能の働きがカギになります。実行機能は、感情や衝動性のコントロールだけでなく、肯定的な自己理解を促すためにも必要な働きになります。

子どもの適応

「子どもの適応」という言葉が意味することを考えてみてください。学校のルールを守って生活すること、授業をきちんと受けられること、クラスメイトと仲良くできること、先生の指示通りに行動できること、といった「適応」が想像できると思います。

しかし、これらの例にあげた「適応」とは異なる視点を提案したいと思います。それは、**「子どもが自分らしく、安心して学校生活を楽しむこと」**です。決して「お利口さん」や「優等生」になることだけが適応だとは思えないからです。当たり前のことですが、子どもにもストレスはあります。時として、優等生だからこそ感じている強いストレスもあるはずです。環境に合わせることも適応の一側面かもしれませんが、それよりも、誰もが安心して学べ、友人関係を築けるように環境を整えることで適応が保たれ、促進されるという視点が大切になります。

実行機能の状態とその背景

実行機能と適応の関係は発達段階から影響を受けやすいことが知られています。たとえば、中高生になる頃に現れる反抗期は、実行機能からも説明することができます。大人から見ると不適応な状態に感じてしまう反抗期は、前頭葉の発達とホルモンのバランスにより、実行機能の「抑制」が利きにくい状態であると考えられています。もう少し具体的にイメージをしてもらうとすれば、ブレーキ機能（抑制機能）そのものは小学生よりも利きがよいのですが、アクセル（衝動性）の機能がブレーキで抑えられないほど強いという状態です（大人になるにつれて、ブレーキの性能がアクセルの性能に追いついていきます）。

このような状態は小学校高学年から高校生頃まで続き、特に家族とは衝突が生じることが多いようです。しかし、中学2年生頃からは、友人や見知らぬ他者に対しては向社会的になっていくようです。このような適応に関する実行機能は果たしてトレーニングによって鍛えられるのでしょうか。反抗期の子どもたちは、自分でも理解できない状態に戸惑っていることも少なくありません。そのように考えると、我慢させるということを積極的に子どもに課すよりも、「どんな状態でも受け入れてもらえる」という安心できる環境を提供しつつ、スピードを出しすぎないように（衝動性を活性化させないように）サポートしたり、事故（リスクの高い行動）を防止したりする方が現実的だと考えられます。

「メタ認知的気づき」を支援して実行機能を始動させる

何かに夢中になっている時は、自分を冷静にモニタリング（メタ認知の機能）することが難しいものです。マインドワンダリング（注意が逸れてしまう「ぼんやり」の状態）の時は意識が逸れてしまっているので、モニタリングとは無縁の状態です。集中力を使って学びを深め、感情をコントロールするためには、自分がどのような状態かを適切にモニタリングする必要がありますが、実際に自分の状態に気づくということは難しいことです。

子どもはメタ認知も注意機能も発達過程なので、注意の働きからメタ認知の状態を推測し、「今はどんな状態？」と気づきを促す言葉がけを適宜すると効果的です。自分の状態を言語化することが難しい子の場合は、「私から見ると、焦っているように見えたから、大丈夫かなと思って声をかけてみたよ」などと、心の状態に関する表現を伝えるのもよいと思います。

このような**メタ認知的気づきは、発達とともに育つ機能でもありますが、早い段階からコツがつかめると、学びや適応の場面でより生かしやすくなります。**本書でも紹介するマインドフルネスは「気づき」とその後の「（思考・感情への）対応」のエクササイズとして有名です（多くの先進国の教育プログラムに取り入れられています）。

19

注意の活動性を維持するための生活習慣

注意の活動性を働かせるためには、質・量ともに適切な睡眠・食事・運動・余暇をリズムよくとっていくことです。生活習慣の環境を整えるだけで、注意の働きが正常化していきます。

注意の活動性の土台は生活習慣から

注意の活動性は「覚醒」「精度」「持続」の働きからなっていることを第1章では学びました。それぞれのバランスとコントロールが大切になりますが、その土台となるのは生活習慣です。活動性がうまく発揮できない時を想像すると、取り組もうとしている課題の性質そのものよりも、自分の体調などから影響を受けていることが多いのではないでしょうか。寝不足やお腹が空いている時はなかなか集中できません。ここでは、生活習慣（睡眠・食事・運動・余暇）を整えながら注意の活動性を整える方法について考えていきたいと思います。

睡眠と注意の活動性

睡眠不足は注意の活動性を弱めてしまうので、十分な睡眠時間を確保することは大切です。毎日徹夜をして勉強している子どもがいたら、非効率な勉強スタイルをとっています。注意が適切に働かなければ、記憶や思考することにも十分な力を発揮することができないからです。それでは、睡眠時間は多ければ多い方がいいかというと、そういうわけでもありません。過剰な睡眠（12時間以上）の状態はかえって覚醒を弱めてしまうこともあります。また、十分な睡眠をとったにもかかわらず、授業中に眠ろうとしたりする場合も同様です。過剰な睡眠が習慣化し、日中も常に眠ろうとすることを繰り返すと、心身の疲労を自覚しやすい状態になってしまうので要注意です。自分の睡眠リズムをしっかりと作り、不意に眠くなる時はストレッチなどをして、体の側面から覚醒を促すとよいでしょう。

毎日の安定した睡眠リズムと睡眠時間の確保が注意の活動性の土台となる。

食事と注意の活動性

お腹が空いている時は何にも集中できないことがあります。反対に、昼ご飯を食べた直後は眠くて集中できないことがあります。このように、食事は注意の働きにはなくてはならない活動なのですが、同時に注意を働きにくくする特徴も持ち合わせています。睡眠と同様に、食事も毎日決まった時間に、適切な量を食べておくことで、注意の活動性が適切に働きます。お腹いっぱい食べすぎた時は、眠くなり、集中力を取り戻すのに時間がかかります。集中力が必要な課題やテストが控えている時は、**食べる時間と量を調整**しておきましょう。

運動と注意の活動性

適度な運動習慣は、注意の活動性を高めることが知られています。もちろん、他の生活習慣と同じく、過度な運動や運動直後は、注意がうまく働かないことが多いのですが、適切な運動は体をリラックスさせる大切な活動となります。有酸素運動を毎日15分程度行うのが理想ですが、体が固まってきて、姿勢が悪くなってきたら、ゆっくりと背伸びやストレッチをすることで、集中力が戻ってくることがあります。ポイントは、**体が疲れすぎる前に適度な運動を行う**ことです。

余暇と注意の活動性

頑張りすぎて注意の活動性を酷使してしまう過集中の状態を続けると、その後は何もしたくなくなるという状態になりがちです。頑張ることはいいことなのですが、細切れに休憩を入れて、過集中にならない状態で作業を続けられるようにします。**リフレッシュできている状態の注意が一番質のよい状態**なので、積極的に余暇や休憩をとりましょう。

20

注意の活動性を教室の中で整える方法

同じ部屋で同じ机に一日中座っている状態は、注意の活動性が弱くなる環境です。先生のちょっとした工夫で、子どもたちの注意の活動性を高めてみましょう。

先生の小話

多くの先生が授業の導入で、子どもたちの注意の覚醒を高めるために、小話を披露されることがあるのではないでしょうか。子どもたちの興味関心の高い話題に触れることは、即効性がある方法ですが副作用もあります。それは、授業に関連しない話題の場合、子どもたちの覚醒が授業とは別の方向に働いてしまうことです。小話を始めて最終的には叱るということにならないように、授業に関連した内容に限定し、「この話はまた後でするので一旦授業に戻ります」と、明確な切り替えを丁寧に促すことが大切になります。

みんなでストレッチ

教員は、授業の中で話したり、板書したりしているおかげで、注意の活動性が保たれていますが、子どもたちはそうではありません。特に低学年の子どもたちは、一箇所に座り続けるだけでも集中力をたくさん使っているわけですから、ずっと集中させ続けることは難しいでしょう。教室が騒がしくなってきた時や、集中力が求められる課題を行った後には、**ストレッチをクラスみんなで行い、注意のリフレッシュをしてみることも効果的**です。

窓を開けて環境を整える

注意をうまく働かせるためには、脳に新鮮な酸素を供給し続ける必要があります。季節によっては、窓を開けることが億劫になるかもしれませんが、休憩時間には空気を入れ替えましょう。また、人の集中力は暑さ寒さに大きく影響を受けますので、エアコンや扇風機を使って環境を整えることが必要です。「最近の子どもはエアコンに慣れてしまい、気温に集中力が左右されやすい」という指摘がありますが、全く無意味な指摘です。教育環境で、生理的な苦痛を感じながら集中力を発揮する力を養う意味はありません。

注意の活動性を適切に働かせるためには、新鮮な空気や快適な室温を確保すること。

アウトプットを意識した学び

自分の頭の中だけで活動していると次第にぼーっとしてきてしまいます。単調な課題を反復している時なども同様の状態になりやすいかもしれません。この状態は実行機能がうまく働いていないマインドワンダリングと呼ばれる状態です。人と議論している時には、マインドワンダリングの状態にはなりにくいので、アクティブ・ラーニングを意識した活動は有効です。また、人前で説明するという活動も注意の覚醒を高めやすくするので、少人数ごとにみんなの前で発表する方法を眠くなりがちな時間に取り入れるのも有効です。

注意の状態をモニタリング

注意の活動性は、取り組む課題に応じて使い分けられると便利です。短距離走と長距離走では走る時のペース配分が異なることをイメージしてもらえるといいと思います。どのくらいの作業にどのくらいの集中力を要するかということがわかると注意のペース配分ができるようになります。また、集中力をオンにしたりオフにしたりすることも、これらのペース配分には大切になってきます。高学年になると、このような注意の状態についてモニタリングする能力が育ってきますが、それ以前は無自覚に集中力を使っていることがほとんどですので、注意にムラがある子も多く見られます。

これらの注意のムラには、**個人差がありますが、まずは単調な課題（百マス計算など）で自分の集中力（注意の覚醒・精度・持続）がどの程度保たれているかを把握し、どのような時にムラが生じやすいかということを理解することがポイント**となります。

21

注意の能動性を生かしやすい環境

能動的注意を働きやすくするためには、受動的注意が働かないように環境を整えたり、能動的注意が働きやすいように声のトーンや説明方法に工夫を凝らしたりします。

受動的注意制御の働きを抑制する教室デザイン

「気が散ってしまう」という状態は、能動的注意制御の働きが弱くなっている状態で生じやすい場合と、環境からの刺激によって受動的注意制御が働きやすくなっている状態で生じやすい場合があります。能動的注意制御はトレーニングによって強くすることが可能ですが、まずは、受動的注意制御が働きにくい教室の環境を整えることが肝心です（特に低学年の場合）。たとえば、黒板の周りには掲示物を極力貼らないという工夫があります。これは黒板を見ようとしても、掲示物が目に入ってきてしまう受動的な注意の働きを抑制する工夫と言えます。同じような観点から考えると、パワーポイントなどを用いてスライドを提示する場合は、不要な挿絵などは掲載しないことも大切なポイントになります。これらは視覚的注意に関する工夫ですが、聴覚的注意に関しても同様なことが言えます。教室が騒がしい状態で学習するのは集中が削がれてしまいますので、一斉指導の中で一旦静かな状況を確保してから課題を開始するなどの工夫が必要になります。これらの受動的注意制御の働きを抑制する環境を整えながら、個々の能動的注意制御の働きを高めることができれば、さらに集中力が発揮しやすくなると思います。

メリハリを利かせた先生の話し方と板書

集中しやすい（能動的注意制御が働きやすい）授業方法の1つに、先生のメリハリの利いた話し方というものがあります。大きな声は子どもたちの注意を惹きつけますが、ずっと大きな声を出し続けるわけにはいきません（子どもも音量に慣れてきます）。声の大きさの強弱だけでなく、話すスピードや声の高低によっても、子どもたちの注意の状態は変化します。同様に、**板書にもメリハリがあると子どもたちは集中しやすくなります。**重要な部分は黄色で書かれたりしますが、大きさや太さに変化をつけることも大切です。何より、綺麗な黒板に書かれた文字は視覚的注意が働きやすいので、濡れ雑巾で拭くなどして綺麗な状態を常にキープできるとよいかもしれません。

> **子どもの気が逸れない教室づくりで注意の受動性を抑制し、能動性を生かした授業を展開する。**

子どもが集中しやすい教師の話し方・板書

22

注意の能動性に着目した教育実践

集中すべきものに集中するという注意の能動性の能力は、難しい課題に取り組まなくても育むことができます。単調な課題に丁寧に取り組み続けるということがカギになります。

能動的注意制御を高める課題の作成と実施

課題を長い時間取り組んでいると、ついつい他のことを考えてしまったり、課題の遂行が雑になってしまったりすることがあります。これらは受動的注意制御が優位に働いたり、能動的注意制御の働きが弱くなったりすることで生じます。**受動的注意制御を抑制し、能動的注意制御を促進することはトレーニングで整えることができます。**用いる課題や実施方法のポイントを押さえましょう。

ポイント① 課題を構成する個々の問題の難易度を低くすること

難しい計算などを含む注意課題は、注意機能そのものよりも計算能力の方が結果に反映されてしまいます。つまり、学習能力をできる限り反映しない課題にすることで、注意の能力にダイレクトに働きかけることができます。

ポイント② 課題遂行時間や正答数のバリエーション（難易度）を能力に合わせる

はじめは短い時間で正答を得られるような課題を行い、徐々に長時間の集中力が求められる課題に移行していきます。集中できさえすれば難易度が高い課題もクリアできるという自信は、能動的注意制御の促進には欠かせません。

注意のトレーニング課題は学習能力を反映しない内容にし、徐々に難易度を上げる。

「10を探せ」課題

通級指導教室の先生方と一緒に開発した「10を探せ」という能動的注意制御を促進する課題を紹介します。用紙に1行35文字前後の数字をランダムに10行以上印字したものを準備します。ルールは、隣り合った数字の和が10になるペアを丸で囲むというシンプルなものです。事前に正答数を設定しておき、全問見つけるまでの時間を測定します。子どもたちは速さを競いがちですが、この課題のポイントは、①じっくりと慎重に探すこと（注意―覚醒＋持続＋精度＝活動性）、②集中しているモードを体験すること（メタ認知―モニタリング＋コントロール）になります。慣れてきたり、高い難易度の問題を求めたりする子に対しては、正答数の設定を増やして長時間の注意を要するトライアルに移行したり、「10になるペアは丸で囲み、5になるペアは四角で囲む」などのルールを追加したりすることで、より集中力が必要になるように設定します。

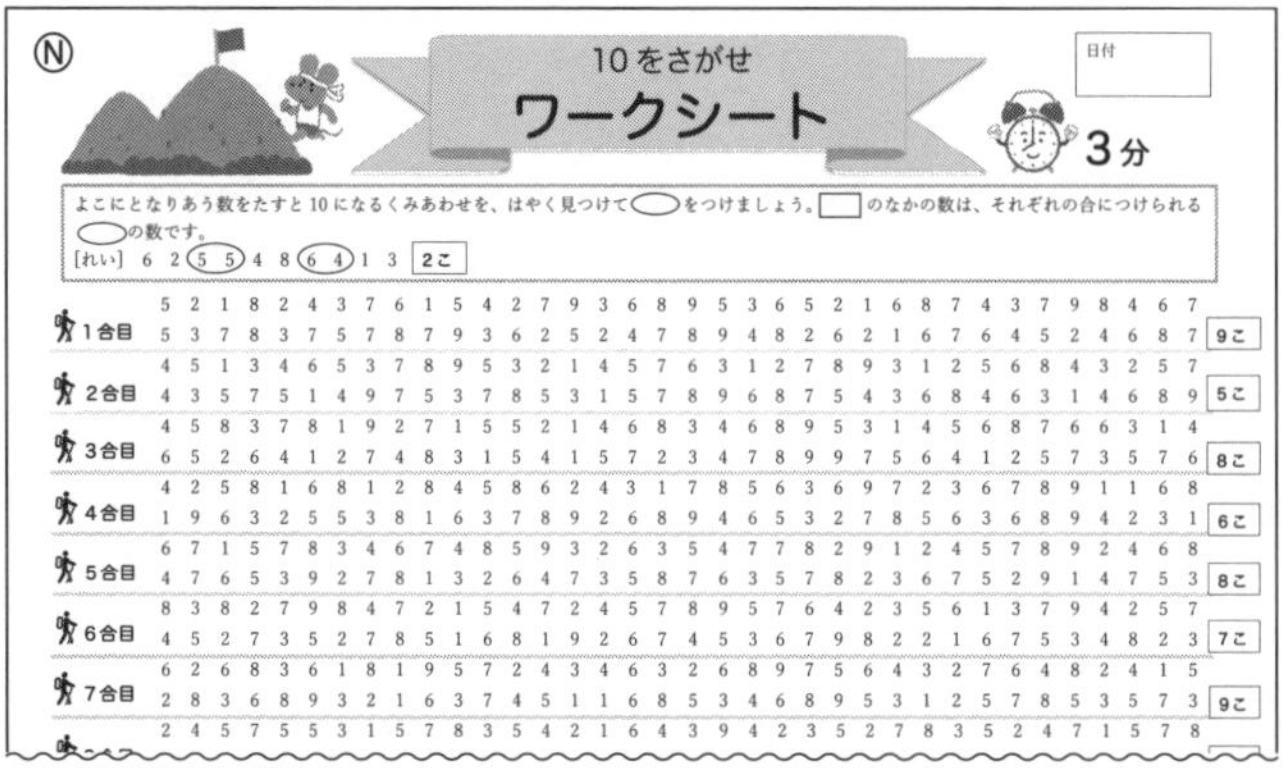

「10を探せ」課題例

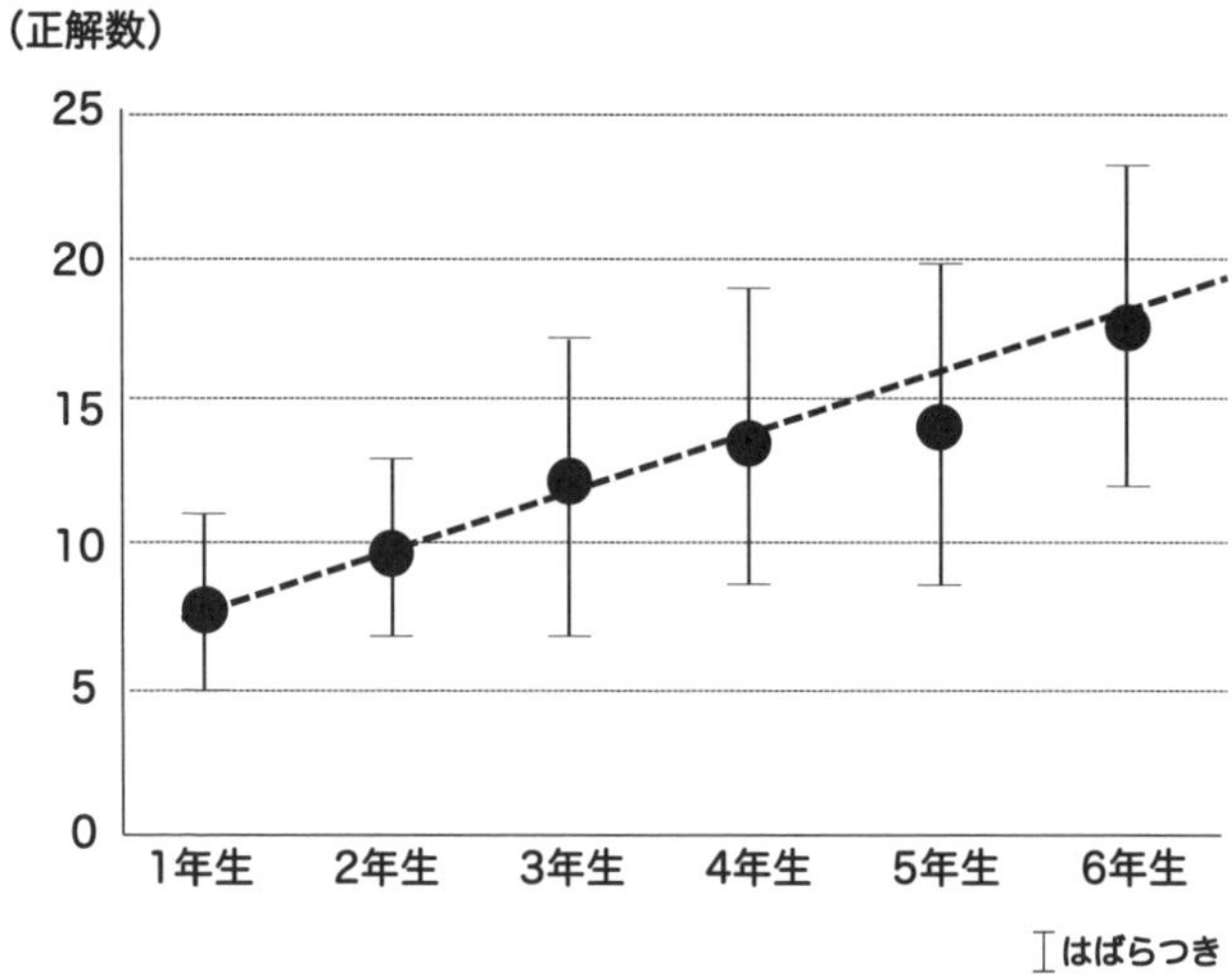

学年が上がることで正答数が増える

23

注意の方向性を整える授業での取り組み

授業では、聞く・話す・読む・書く・計算する・推論するために、様々な感覚と認知機能を用います。向けたいものに注意を向けやすくする授業方法を考えていきましょう。

マルチタスクと多感覚機能を使うことは授業集中の困難性を高める

先生の話を聞きながら、板書をノートにとり、問題について考えるという状態は、教室の中で実行機能を最大限に働かせているマルチタスク状態の典型です。このようなマルチタスクを遂行するための実行機能の認知的要素はワーキングメモリの「更新」ですが、注意機能の観点からは、「分割的注意」という方向性の働きが関与しています。複数のことに同時に注意を向けるのも難しいことですが、聴覚と視覚を同時に使いながら思考するという異なる感覚器を同時に使うことは、さらに難しさを増大させます。高学年になるにつれ、これらのマルチタスクの能力を前提に授業が進行されていることがありますが、これらの能力を前提としない授業は、学習内容を深く考えるための一番の工夫と言えます。なぜなら、**「更新」や「分割的注意」などの認知機能は、個人差が大きく、トレーニングなどで鍛えられない機能**でもあるからです。

マルチタスクを分解し、注意を向けるものを個別に指定する

マルチタスクにならない授業は、全ての子どもにとって問題そのものに集中できる機会を提供することにつながります。たとえば、「先生の話を聞きながら、板書をノートにと

る」というマルチタスクは、「まずは先生の話を聞いてください」と「それでは今、先生が黒板に書いたものをノートに書き写してください」に分割することで、一つ一つの課題や作業に注意を向けやすくすることができます。そしてこれらの作業を終えてから「ノートを見て、〇〇がどうなるか考えてみましょう」とすることで、一連の流れを一つ一つ確実にクリアしながら考える作業に没頭させることができます。このような**マルチタスクを分解すること**は、時間がかかる作業のようにも思いますが、「急がば回れ」の方法です。学習に伴う作業部分と思考部分を同時並行にするよりも、**思考作業に集中できるように調整すること**が何よりも大切にされるべきことだと思います。

> **マルチタスクになりやすい課題は分割して、それぞれの作業（課題）に集中しやすくする。**

聴覚と視覚の連動とアウトプット作業をＩＣＴでサポートする

先生の説明を聞きながら板書も同時に見るということは、情報の入力に関わる活動です。

実際は、情報の入力だけではなく、それをノートに書きとめる出力の作業があります。先ほども紹介しましたが、これらを同時に行うことは課題の困難度を高めるので、作業を分割することが大切になりますが、黒板には書かれていない先生の説明を書きたいという場合は、長期記憶を使わざるを得ません。しかし、短期記憶を使っている間は、他の入力作業の情報量が少なくなってしまうことが生じてしまいます。高学年になってくると、書き取るべきものとそうでないものの判断が子どもたち個人に委ねられますが、ワーキングメモリや分割的注意が弱い子は書き取りがうまくいかないことによって、自宅での復習をする際に不利になってしまいます。

初等中等教育では賛否両論があるかもしれませんが、授業の内容は録音をして家で聞けるようにするシステムや、図形などを書き取るような板書は、タブレットの機能などを生かして写真を撮って活用する方法を積極的に用いてもいいのではないかと思います。**子どもたちの実行機能を有効に活用し、注意を向けたいものに向けられるようにするためには、これらのＩＣＴを活用することをもっと推進することが必要**だと思います。

24

注意の方向性を促す教育トレーニング

注意を向ける対象を意識的に変化させることはトレーニングで得られる能力です。

妨害刺激を抑制することよりも、向けるべきものに向けるということを重視したトレーニングを行います。

対象刺激と妨害刺激の関係

注意を向けたい対象（対象刺激）に向けられない時は、注意を逸らされてしまうような刺激（妨害刺激）の存在があることが多いです。実行機能の働きの1つである「抑制」がうまく働きにくい状態とも言えます。たとえば、授業に集中したい気持ちはあるけど、隣の席で友だち同士が昨日のテレビ番組の話をしていたら、ついつい気になってしまうというような状況です。このような場合は、私語をしないように促す環境調整によって、授業に注意を向けやすくなります。しかし、心配事が気になってしょうがないという時はどうでしょうか？　心配しないようにしようとしても余計に心配が強くなってしまい、ますます授業に集中できなくなってしまうかもしれません。ここでは、このような「**抑制**」の**機能の背景にある注意の働きを促進するトレーニング**を紹介します。

両耳分離聴課題

私たちは、見聞きしたい情報（刺激）に対して、意図的に注意を向けることで、より鮮明な情報を入力することが可能です。心理学ではカクテルパーティー効果として知られている理論ですが、あまりに騒がしい環境や、他の気になる情報がある場合には、この効果は弱くなります。このような注意の状態をトレーニングする方法としては、両耳分離聴課題を用いたものがあります。両耳分離聴課題とは、イヤホンの右耳と左耳から流れてくる別々の音を聞き分ける実験課題です。私がよく実施する両耳分離聴課題では、右耳のイヤホンにはランダムな数唱（対象刺激）を流し、左耳のイヤホンには子どもの興味のあるアニメの声や音楽など（妨害刺激）を流します。この課題では、右耳のイヤホンから聞こえてくる数字を書き取ってもらうのですが、アニメの声などに意識が奪われてしまうと、その時の数字が書き取れていないことがわかります。

それぞれの音の性質を徐々に変化させることで、トレーニング課題として用いることができます。たとえば、迷路が書かれた用紙を渡したうえで、右耳のイヤホンには「迷路の解答を先生が読み上げる声（右に進む・次に左に曲がるなど）」を流し、左耳のイヤホンには「クラスの友だちの雑談」を流し、迷路問題を解くというものです。このような課題を繰り返し行っている子どもたちからは「先生の話がどんな時も耳に入ってくる！」という喜びの報告をよく受けます。

ルールの変更に対応できるようにする（実行機能の「転換」と「更新」）

注意を向ける対象に慣れてくると、より注意を向けやすくなってきます。しかし、日常生活では、注意を向ける対象を臨機応変に変えることを求められることが多くあります。たとえば、最初はクラスメイトの発表に耳を傾け、次は、グループ内の話し合いに耳を傾け、先生が話し始めたらそちらに耳を傾けるといった具合に、その時々で耳を傾けるべきルールが異なります。このようにルールの変更に対して柔軟に注意の対象を切り替えるのも実行機能の働きなのです。

先ほどの両耳分離聴課題をアレンジすると、右耳のイヤホンには色呼称（赤・青などの色の名前）を流し、左耳のイヤホンには数唱を流します。右耳か左耳のいずれかのイヤホンにランダムなタイミングでブザー音を流し、そのブザー音が鳴った方の耳の情報を書き取るという課題が作れます。実行機能の働きが弱い子の場合は、たとえば、右耳の情報を書き取ることに慣れた状態で、急に左耳の情報を書き取るように切り替えることに難しさを感じるかもしれません（しかし、トレーニングをすることで課題正答率が高まります）。

注意の方向性を整えることで実行機能を働きやすくすることができる。

25

メタ認知的モニタリングを生かした学習と適応の支援

自分の実行機能をフル活用するためには、自分が苦手な認知処理に注目するよりも、得意な認知処理を見つけて生かす視点が大切になります。

プロセスに着目したメタ認知的モニタリングで自信を深める

自分の認知処理の特徴を理解するためには、多くの経験とその振り返りが必要になります。失敗や経験を繰り返す中で、自分の認知処理の強みと弱みを理解していきますが、認知処理に偏りのある子は、「できなかったこと」に意識を向けてしまい、自分の認知処理が全般的によくないと思い込んでしまっていることがあります。ここでは、失敗や成功という「結果」ではなく、「プロセス」に着目した言葉がけによって、自分の認知処理を客観的に理解しつつ、自信を深められるメタ認知的モニタリングを促すアプローチについて考えてみたいと思います。

成功のプロセスをモニタリングする

「どうやったら、そんなにうまくいくの?」という言葉がけは、能力や結果ではなくプロセスをモニタリングさせる狙いがあります。簡単に物事をこなしてしまう子の中には、「なんとなくできた」という子もいますが、「きっと秘訣があるはずなんだけどな」と再び考えてもらうと、「じっくりとやってみた」などと言ってくれる子がいます。このような

自分の認知処理の特徴を才能ではなく成功のプロセスとしてモニタリングできるように促

すことは、子どもの自信につながります。たとえば、なんとなくできてしまった能力の高い子が「天才！」と能力を褒められれば、問題が解けなかった時には「もともとの能力が低いから解けなかった」と考えてしまう危険性があります。「じっくりやったら成功した」というモニタリングができた子は、問題が解けなくなった時に、「もう少しじっくりやってみよう」と思えますし、才能の有無ではない次元で自信を深められるようになります。つまり、成功のプロセスに関する認知処理のレパートリーを増やすことができれば、失敗しても挑戦を続けられるマインドセットになっていきます。

自分では気づかない強みをモニタリングする

子どもたちは何かを達成すると先生に褒めてもらおうとアピールしてくれることがあります。子どもたちが褒めてほしがっていることを理解して褒めることはもちろんですが、子どもたちが気づいていない「強み」についても褒めることで、子どもはさらに自信を深めます。ある子は難しい発展問題が解けた後に「すごいでしょ！」とアピールしてくれました。もちろん、発展問題が解けたこともそうですが、「いつも発展問題に最後まで挑戦しているから、挑戦することもすごいなと思っているよ」と伝えました。すると、隣の席の子が「ボクも発展問題にいつも挑戦しているけど、たまに間違っちゃう…」と寂しそうに話してくれました。その直後、「間違っていても挑戦できたことがすごいんだよ。発展問題だし、最後まで解いているからすごいよ」と先ほど挑戦することを褒められた子が隣の子を称えていました。自分が知らなかった自分のよさをプロセスの観点から発見できる経験は、自信を深めるだけではなく、他者への優しい眼差しにもつながる気がします。

自分を傷つけるメタ認知的モニタリング

何らかの目的を達成しようとする時は、メタ認知的モニタリングを働かせながら、認知処理の最適な状態を作り出そうとします。しかし、その最適な状態を完全主義的に作り出そうとすると、作業ミスをしていないかということにとらわれてしまい、課題が思うように捗らない状態になりがちです。ミスをしないように心がけるモニタリングは、視野狭窄の状態になってしまい、意外にもミスをしがちな状態になり、悪循環をもたらします。

子どもたちが自分自身の状態をモニタリングする際には、できていないことに意識を向けるのではなく、できていることに意識を向けられるようにサポートすることが大切になります。

26

メタ認知的コントロールを生かした学習と適応の支援

実行機能をうまく働かせるためには、認知機能をコントロールできるようにすることがカギとなります。メタ認知的コントロールを学習と適応に生かすコツについて考えていきます。

メタ認知的コントロールのレパートリーを拡大する

メタ認知的モニタリングを行いながら、自分の考えていることを整える認知をメタ認知的コントロールと言います。具体的には、「認知についての目標設定」「計画」「修正」の要素で構成されています。たとえば、学習場面において、算数の問題がうまく解けない状態をモニタリングできれば、計算を再度確認したり（計画）、別の方法で解くことを試したり（修正）することができます。また、学びの場面だけではなく、適応に関する場面でもメタ認知的コントロールは役立ちます。たとえば、イライラしていることをモニタリングできれば、深呼吸をしてそのイライラを鎮静化することに役立ちます。このように、**メタ認知的コントロールは、多角的視点から問題解決を手助けしてくれることから、そのレパートリーを拡大しておくことが大切**になります。子どもたちは、これらのレパートリーをあまり持っていないため、うまくいかない時こそ、その解決方法を丁寧に教えます。

適切なメタ認知的コントロールとメタ認知的知識

メタ認知的コントロールを適切に行うためには、自分自身の認知処理の特徴を理解しておく必要があります。たとえば、「問題を長時間解いていると、後半は間違えが多くなる」

という自分自身の注意力に関するメタ認知的知識があれば、後半の問題を慎重に解いたり、小休憩を入れたりするというメタ認知的コントロールができます。これらのメタ認知的知識は、個人に特有な側面を把握しておくとよいですが、子どもは自分自身のことは気づきにくいものです。**子どもにこれらのコントロールの方法に関するメタ認知的知識を教える時は、「~ができていない」というよりも「~するとできる」という視点でアプローチ**しましょう。また、他の子の方法が自分にも有効な方法とは限らないこともありますので、オリジナルのコントロール方法をいつでも参照できるようにしておきます。

ネガティブな感情や思考はコントロールしようとしない

ネガティブな感情や思考が惹起した時は、メタ認知的コントロールによって、それらの感情や思考を消し去ろうと試みることがあります。しかし、感情や思考を抑えつけたり、無視したりしようとすると、余計にネガティブな状態になってしまいます（皮肉効果と呼ばれています）。それらの感情や思考を感じたら、「今、自分は悲しい気持ちを感じているな」と観察しながら、深呼吸をしてみることです。感情や思考はコントロールしようとしない「マインドフルネス」の態度が助けになります（第3章で詳細を説明します）。

感情や思考をコントロールしないというと、余計に不快な感情、よりネガティブな考えになっていくように感じてしまいます。しかし、それらの**感情や思考は一過性**のものです。ずっと怒りが続くわけではありません。マインドフルネスを理解するためのたとえ話として、「バケツの中の泥水」があります。泥水の泥を一番早く沈殿させる方法は、何もしないで置いておくことです。私たちの感情も、ただ置いておくことで鎮静化することがほとんどなのです。

メタ認知的コントロールの基本的支援

子ども自身が学びと適応に関するメタ認知的コントロールの能力を身につけることができるまでには、多くのサポートが必要になります。特に、子どもの場合は、人と同じことをすることで能力を身につけようとすることが多いため、自分には合わない誤ったコントロール方法を身につけてしまい、うまくいかないことにイライラしてしまうことがあります。特に、**認知機能に偏りがある発達障害の子には、反復練習によって改善を図るという視点よりも、じっくりと自分の学びや感情コントロールなどの特徴について理解する視点が大切**です。

27

自信につながるメタ認知的知識

実行機能をどのように働かせるかは、メタ認知的知識によって変わってきます。自分は何ができないかということよりも、どうやったらできるかという知識を蓄えることが大切です。

人の認知特性に関する知識

メタ認知的知識は「人の認知特性に関する知識」「課題に関する知識」「方略に関する知識」に分類されています（第1章参照）。課題や方略に関する知識については、注意やワーキングメモリに関連させながら説明しておりますので、「人の認知特性に関する知識」に焦点を当てたいと思います。自分や他者の認知特性を不適切に理解してしまうと、自分に自信が持てなくなり、自分を苦しめるような知識を身につけてしまうことがあります。そのような不適切なメタ認知的知識は、結果的に実行機能の働きを弱めてしまいます。

「苦手と嫌い」や「得意と好き」を区別する

足が速くても冬のマラソンは嫌いという子は多くいます。得意だけど嫌いということが明確に理解できている場合はいいのですが、嫌いという想いが強すぎて苦手だと感じてしまっている場合は要注意です。好き嫌いは課題への評価ですが、得意か不得意（苦手）は認知処理の評価になります。これらが混在してしまうと、自分の認知特性の強みを生かせなくなってしまうこともありますので、苦手や嫌いという発言をする子がいたら、じっくりと話を聞いて確かめる必要があります。もし、苦手と嫌いが混在している場合は、それらを弁別して伝えることで適切な「人の認知特性に関する知識」を促す支援になります。

個人内の認知特性

「細かな作業を繰り返すのが苦手」というような自分の認知処理の特性については、それが現時点の状態（変化しうる特性）であること、補う方略があることを確認しておくことが大切です。また、苦手な認知特性だけでなく、得意な認知特性を多く把握しておくことは、子どもの自信につながります。これらの認知特性は、結果に基づいて評価されることが多いですが、プロセスから評価することで適切な理解が進みます。思うような結果が得られないことを認知特性の弱さと評価しないように気をつけましょう。

個人間の認知特性

誰もが人とは違ったオリジナルの認知特性があります。だからと言って、**人の認知特性と自分の認知特性を比較して優劣をつけたり、妬んだりすることはしなくていい**ということを子どもたちには知ってほしいと思っています。もし、自分が苦手な課題をスイスイとこなす人がいたら、その方法を学ぶことができますし、手伝ってもらうこともできます。

同様に、自分の認知特性が生かせる課題があれば、それを苦手と感じている人を助けることもできます。課題を効率よく解決することだけでなく、学びのプロセスを共有することこそが人との絆を深めます。

人間一般の認知特性

自分の認知特性をネガティブに評価してしまう時は、個人化をしてしまいがちです。「私は集中力がなくて困っています」という生徒の話を聞くと、「友だちは、どんなに騒がしいところでもずっと勉強していられるのに、私はそれができない」という内容のエピソードでした。「騒がしい環境で集中できないのはみんな一緒だよ」と伝えると少し安心してくれましたが、自分ができないことについては特に個人の特性のように感じてしまうものです。同様に、「Aさんは心配事があっても、気にしないでいられるからすごい」と語っていたBさんは、「私はBがそういう人に見えていたから意外だし、私は結構な心配性だよ」と、Aさんから伝えられていました。辛い状況や苦手な状況の時は、自分だけが弱い存在と思いがちですので、「みんな同じ」と思えるようにサポートすることは大切なことです。

28

根拠のない思い込みで作られるメタ認知的知識

実行機能をうまく働かせるためには、自己効力感が大切になります。つまり、結果を出すために行っていることについて「自分はできている」という感覚が大切になります。

曖昧な思い込みとメタ認知的知識

女性は男性よりも理系科目が苦手だと信じている人は多いかもしれません。しかし実際には、そのような性差はありません。ただ、このようなステレオタイプを信じてしまうと、思うように能力が発揮できないことがあります。実際に、理系科目には性差が反映されることがあると思わせるような教示を受けた後に、数的な問題を解いた教室の女子学生は、男子学生よりも成績が低くなるという現象があります。ステレオタイプ脅威と呼ばれるこの実験の背景には、解答作業にワーキングメモリがうまく割り当てられていないことが起因しているとされています。この理論は再現性の観点から検討されていますが、このような思い込みはテストの成績だけでなく、自分の夢や進路を不本意に変えてしまう危険性があることは事実です。

「私は〜ができない・苦手だ」というメタ認知的知識は、大人の発言によって誤学習してしまうことがあります。自分の認知処理に関して適切に検証したメタ認知的知識でない場合は、子どもの夢や進路を応援しながら、具体的な方略を検討して計画をサポートすることが何よりも大切になります。

「向いている・向いていない」よりも「やりたいか・やりたくないか」

「将来〇〇になりたい（〇〇をやってみたい）けれど、私に向いていますか？」と子どもたちから相談されることは少なくありません。私が大切にしたいのは、**向いている・向いていないよりも、やってみたいかどうかという気持ち**です。才能を重要視すると、向いているかどうかを気にしてしまいがちになりますが、私たち**大人がしなければいけないのは評価ではなく応援**です。やり遂げる力は「グリット」と呼ばれる非認知能力の1つですが、この能力を発揮するためには、自分を縛りつけているメタ認知的知識を反証しながら、誰とも比較しないで自分を認められることが肝になります。「私は集中力が続かない。だから、獣医にはなれない」ということで自分の夢について悲観しているのであれば、「私は集中力が続かない。だけど、獣医を目指そう！」と、「だから」を「だけど」に変換する励ましとともに、集中力に関するアセスメントに基づいて、集中力を促進する方法や、集中力を補う方法を一緒に考えていくことが、子どもたちのグリットにつながります。

課題を処理するための認知方略は1つではない

実行機能は「抑制」「切り替え」「更新」の3つの働きからなることは、これまでも何回か説明した通りです。また、それぞれの機能は、「注意」「メタ認知」「ワーキングメモリ」の機能の働きと重複した部分があります。さらに、ワーキングメモリは、情報の「保持」と「操作」の働きがあり、注意や記憶、メタ認知などと連動して働きます。このような特徴から、**実行機能の働きを高めるためには、「実行機能を高める」という漠然とした目標よりも、実行機能を構成している認知機能を働かせやすくしたり、促進したりするアプローチが役立つ**ように思います。

知能検査などでは、それぞれの認知処理に対応する課題が設定されていますが、必ずしも単一の認知処理を測定しているわけではありませんし、別の認知機能によって代替的に処理されていることもあります。つまり、学習などで想定されている処理がうまくいかない時は、学習方略を変えたり、別の認知機能を用いたり、複合的処理を分割したりすることで学びやすくなります。**自分の苦手な処理を補う得意な処理を見つけることがカギ**になります。

認知処理の弱みだけでなく、その補い方も含めてメタ認知的知識にする。

29

ワーキングメモリを支援するための視点

実行機能の中核的な認知機能であるワーキングメモリを支援するためには、子どものワーキングメモリにどのくらいの負荷がかかっているかを捉え、その子の発達に合わせた負荷になるように支援します。

子どものワーキングメモリの状態を把握する

子どものワーキングメモリは小さく、個人差もあります。そのため、子どもがワーキングメモリをうまく使えていない状態に素早く気づくことは大切なことです。**ワーキングメモリがうまく働いていない時は、「何度も同じことを質問する」「キョロキョロと見渡している」「何度も確認している」「指示通りにできない」「進行状況を理解できていない」「途中で課題を投げ出す」などの行動に現れます。**このような行動が見られたら、子どもを叱るのではなくて、一緒に確認することが大切になります。また、ワーキングメモリに負荷をかけすぎていないか振り返る必要があります。

このような行動が見られない時にも、「次に何をするか・今は何をしているかを確かめる」「子どもに質問する」などの丁寧な確認作業をすることで、ワーキングメモリが低い子が困らない環境を作り出すことができます。

ワーキングメモリの負荷を評価して支援する

ワーキングメモリは鍛えて増強されるような認知機能ではないため、負荷をかけずに寄り添う支援を目指すことが大切になります。子どもたちの学びが高度になるほど、私たち大人は多くの情報を伝えなければいけなくなります。その際には、**ワーキングメモリに負荷をかけるような「一度に伝える情報が多い」「子どもに馴染みのない情報や伝え方」「覚える情報が多い」といったアプローチを子どもに強いていないか確認することが必要**です。ワーキングメモリに負荷をかけているかもしれないとわかった時は、それらの負荷を減らす取り組みを行います（詳細は次の項で紹介します）。

記憶補助がワーキングメモリのカギ

ワーキングメモリは、情報の保持と操作を同時に行う認知機能です。情報の保持は平たく言えば記憶の働きですので、記憶しやすい情報や既に知っている情報などの場合は、情報の操作の方に処理資源を割くことができるメリットがあります。つまり、記憶処理に負荷をかけないことは、ワーキングメモリの負荷を軽減することにつながります。たとえば、「大切な情報は繰り返し伝える」「録音装置を用いる」「情報検索の環境を整える」「九九表や計算機を用いる」など、記憶の定着につながる関わり方だけでなく、記憶処理を外的なツールで代用することも有効になります。

ワーキングメモリを安心して使える環境づくり

ワーキングメモリは要領よく作業をする状況で用いられる認知機能ですので、学年が上がるにつれて、ワーキングメモリが小さな子は混乱することも多くなります。大切なことは、どのような認知的な特徴がある子であっても、困っていることについて相談し、支援を求めることができる環境を確保することです。

認知機能に基づいた学習支援について提案すると、「認知機能の低い子にクラス全体が合わせるということか?」という意見をいただくことがありますが、そういうことではありません。認知機能が高くても低くても、自由に質問でき、課題が構造化されている環境は誰にとっても必要です。学びの評価を正答までのスピードだけではなく、熟慮しているプロセスも大切にしてほしいと思います。**わからないことやできないことについて堂々と質問でき、援助を求められる環境でこそ、ワーキングメモリは学びそのもののために働かせることができます。**

ワーキングメモリの負荷を軽減して最大限に生かすためには教室の安心感が大切。

30

ワーキングメモリに負荷をかけない支援

ワーキングメモリに負荷をかけない支援は、全ての子どもの学びを深めるための大切な取り組みになります。目標に向かって実行機能を適切に働かせるための中核的な活動となります。

ワーキングメモリに負荷をかけない支援

情報の保持と操作を同時に行うワーキングメモリに負荷をかけないようにするためには、保持に関する負荷を軽減させることがカギになります。ここでは、子どもたちが情報を保持しやすくするための5つのポイントについて紹介します。

ポイント①　情報は分割して最小限にする

情報量が多い場合は、その情報の要点をつかむことが大切になります。しかし、子どもはそれらの情報から要点をつかむことが難しいため、何の情報を保持していいか混乱してしまいます。伝えたいことが多い場合は分割し、子どもが受け取れる1回分の情報量を少なくすることが大切になります（箇条書きのようにして伝えることも有効です）。

ポイント②　子どもが知っている情報とリンクさせる（情報に意味を持たせ慣れ親しませる）

見慣れない情報や聞き慣れない情報は、誰にとっても保持することが難しく感じます。理科の授業で岩石の種類について学んでいた児童が、あるゲームで同じ名前の岩が出てきたことをきっかけに、いつもは苦手意識がある板書をノートに積極的にまとめていました。既知の情報はワーキングメモリへの負荷を減らすだけでなく、動機づけを高めることにもつながりますので、子どもの文化にアンテナを立てておくことは大切なことです。

ポイント③　順序が前後しない表現で説明する

時間軸や作業手続きが前後している表現で物事を伝えてしまうと、心の中でその順序を整理する操作を行うため、ワーキングメモリを使いにくい状態にさせてしまいます。たとえば、「赤色の折り紙を3つ折る前に、緑色の折り紙を4つ折っておきましょう。折り紙が得意な人は赤色の折り紙を折り終わったら、白色の折り紙を2つ折ってください」という表現は「緑 ↓ 赤 ↓ 白」の順番で表現することで、心的な処理が単純化されるため、ワーキングメモリの負荷を減らせます。

ポイント④　複雑な課題の手順を整理する

手順などが複雑で、同時並行で作業する手順が含まれている課題は、ワーキングメモリの負荷が増えますので、課題の手順を整理して、実施しやすい手順に変えることが重要になります。料理が得意な人は、素材を焼きながら、次の素材を洗って切り、それらをフライパンに投入するという作業を同時並行で次々と行います。料理の手順で混乱する場合は、「素材を全部切る → フライパンに火をつける → 硬いものから順に焼いていく」のように、まとめられる手順はまとめるなどの整理をし、同時並行的な作業手順を減らす工夫ができます。料理の場合はある程度の順序が決められてしまうことが多いですが、学習場面においては、好きなところや、できるところから始めるという手順も大切です。**動機づけが高まってから始まるという方法よりも、実際に始めることで動機づけが高まってくる**からです。手順で混乱する子を支援する場合は、自分がどこの手順を実施しているかということを確認しながら進めることで、ワーキングメモリの負荷を減らせます。

ポイント⑤　繰り返し行うことで自動化にする

繰り返し行うことは、保持や操作の自動化を進めます。自動化したものは少ない処理資源でも処理が可能になりますので、ワーキングメモリに負荷がかからなくなります。ただし、苦手なことを繰り返し行うことは心理的にも困難になりますので、スモールステップの原理で楽しめるように、子どもの能力に合わせた反復練習の計画を立てましょう。

31

ワーキングメモリと学習方略を意識したメタ学習

ワーキングメモリを適切に働かせるためには、どのような方法で学びを深めることが得意かという学習方略の「強み」を理解しておくことが大切です。

ワーキングメモリの特徴と学びの方略を合わせる

私たち日本人はいたる場面において、基礎からじっくりと学ぶスタイルを標準的に考えていますが、必ずしもそのスタイルが合うというわけではないこともあります（日本人の英語教育はその代表例かもしれません）。また、目で見て学ぶよりも、聞いて学ぶ方が頭に入ってくるという子もいるように、学びの個人差もあります。つまり、**学びを深めるためには、学びの内容についてだけでなく、学び方という「メタ学習」の視点が重要**になると考えられます。ここでは、ワーキングメモリの観点から学びの方略について考えていきたいと思います。

包括的な学びと分析的な学び

ワーキングメモリが高くない子の場合は、学び方によってリスクを生じさせやすいこともあります。大枠を捉えてから細かな部分も理解していくような包括的学習は、ワーキングメモリが小さい子にも学びやすいスタイルです。しかし、細かな情報を積み上げながら全体の輪郭を形成していくような分析的学習は、国語・算数・理科・地理・外国語の成績を低めるリスクとなる学習スタイルであることが報告されています。この背景には、分析的学習は、情報が細分化されることで、記憶や処理すべき情報が増えてしまい、ワーキングメモリがオーバーロードしてしまうことが背景として考えられます。

視覚優位と聴覚優位

情報に接する時は、視覚と聴覚のどちらかに強みがはっきり現れる子がいます。たとえば、文章を読む方が頭に情報が入りやすい子もいれば、話を聞いている方が頭に情報が入りやすい子もいます。視覚にも聴覚にも対応した授業の展開は、多くの子の強みを生かせることにつながります。気をつけなければいけないのは、黒板周りを飾り立てないように配慮することや、教室の静かな環境を維持することです。それは、感覚の強い子にとっては、必要な情報を入手する際の妨害刺激になってしまうからに他なりません。

ノートを綺麗にまとめること

授業内容をノートに綺麗にまとめることは大切なことです。しかし、綺麗にまとめているにもかかわらず、学びの成果が得られていない子も少なからずいます。先述したように、聴覚優位の子の場合は、まとめること（視覚的作業）に認知資源の多くを割り当ててしまい、本来の強み（聴覚優位）を生かした学びを発揮できていないことがあります。また、視覚優位の子であっても、様々なマーカーペンなどを使ってまとめることに注力しすぎてしまい、情報を元に考えることや、情報を保持することを疎かにしてしまっていることもあります。特に、完全主義が強い子の場合は、授業中に完璧なノートを作ることよりも、振り返りができる範囲の情報量でノートを作るというメタ学習が必要になります。

暗記と問題背景の理解

穴埋め式の文章形式の問題を解くことが苦手な子の場合は、一問一答形式の問題にして暗記することが有効です。しかし、暗記する量が多く、時代や物語の流れが必要な問題については、その背景などを説明することで理解が進み、学びを深めやすくなります。

試験問題の意味と解き方を教える

テストの問題文がどのような情報の操作を求めているかが理解できないと、本質的なことは理解できているにもかかわらず、点数としては表れません。授業では、問題文の表現（本文中から抜き出して書きなさい）などについて解説することも大切になってきます。

第3章

「実行機能」を高めるマインドフルネス

32

思考や感情との関わり方を理解する

ネガティブな思考に耽っている時や、強い感情に巻き込まれている時は、何かに取り組もうとしても、実行機能が思うように働いてくれないことがあります。そのメカニズムを理解してみましょう。

ネガティブな思考や感情と実行機能の関係性

私たちの日常生活の中で実行機能がうまく働かない時を思い出してみてください。きっと、ネガティブなことを考えていたり、イライラしていたりする時ではないでしょうか。ネガティブな思考や感情に没頭している時は、実行機能が普段はよく働く人であっても、思い通りに物事が捗らないものです。このことを考えると、**実行機能を働かせるためには、実行機能は鍛えて強くすることよりも、実行機能が働きやすいように心身の状態に余裕を持たせるという「内的環境の調整」がまずは重要**になります。特に子どもの場合は、実行機能の発達段階にありますので、ネガティブな思考や感情に晒され続けることは、実行機能の健康的な発達を阻害してしまうことになりかねません。

ネガティブな内的刺激と距離を置けるようにする

ネガティブな思考・感情・感覚を心身で感じると実行機能が思うように働かなくなることは日常的に経験することです。これらのネガティブな内的刺激を気にしないようにしようとすると、かえってそれらを意識してしまい、場合によってはより強くそれらを経験することに悩まされてしまうこともあります。自分の内的刺激はコントロールできると思い込んでしまいがちですが、実際はそうではありません（誤ったメタ認知的知識を学習していると言えます）。たとえば、「ピンクのキリンを1分間、考えないようにしてください」と言われても、思い浮かんでしまいます（思考抑制効果と呼ばれています）。

このようなイメージは害を生じませんが、私たちが苦痛を感じるネガティブな思考・感情・感覚が生じた時は、どうしたら目の前のことに集中できる状態を作れるのでしょうか。その答えは、「距離を置いて観察してそのまま置いておく」ということです。具体的には、「またこんな考えが浮かんできたな」「ちょっと脇に置いておいて、今はこれに集中しよう」という具合に、無理に思い浮かばないようにコントロールしようとしないことがポイントとなります。

これらの距離をとる方法は、マインドフルネスや注意訓練といったトレーニングで身につけられるものですが、すぐには身につかないので、日々のトレーニングが大切になります。

ネガティブなものと距離をとって観察することで実行機能に余裕を持たせる。

マインドワンダリングの状態に気づく

実行機能が働いている時は、目的に向かって作業を行えている状態を続けられています。反対に、実行機能が働いていない時は、第1章で紹介したマインドワンダリングの状態であったり、課題無関連思考を経験している状態です。特に、落ち込んでいる時や不安を感じている時は、心配事などをぼんやりと思い浮かべている状態で、心ここにあらずになりがちです。ぼんやりすることは決して悪いことではありませんが、その状態が必要以上に続いてしまい、**「集中したいのにできない」という状態は誰にとっても辛いこと**です。子どもの場合は特に、そのような状態であることにも気づかないことが多いため、**様子を観察し、「今ここ」に意識を戻せるように声かけをすることが大切**になります。

ぼんやりしている背景の多くには、ワーキングメモリの弱さがもともとあり、集中できない困りごとがあることがほとんどです。また、子どもの場合は、長時間の集中に困難を感じやすいので、叱ることは意味がないどころか、子どもを傷つけてしまいます。それよりも、実行機能の発達段階に合わせた授業設計や、そのような状態に気づけるような声かけをすることが大切に思います。子どもたちが安心できる環境で認知機能を促進できれば、ぼんやりした状態を実行機能によってコントロールできるようになってきます。

33 実行機能とマインドフルネスの関係を理解して活用する

マインドフルネスは、「今ここ」に優しく注意を向ける心の働きです。マインドフルネスの実践を行うことで、実行機能の働きが活性化し、学びも適応も促進されます。

マインドフルネス

マインドフルネスは「今ここに優しく注意を向ける心の働きや態度」のことです。たとえば、未来のことを心配し、過去の出来事を反芻する状態（原因や理由探しを頭の中で繰り返すこと）は、「今ここ」には集中できていないマインドワンダリングの状態です。目の前の授業に意識を向けられないでしょうし、大好きな給食の時間も楽しめない状態です。これらの背景には、心配になってしまうことを考えて対策をしようとする試みがあるかもしれません。反芻することで原因や理由を整理しながら気持ちを整理しようとしているかもしれません。しかし、心配や反芻は、いつも同じ内容であり、何の解決ももたらさないことがほとんどです。ましてや、これらを思い浮かべないようにしようとすればするほど、しつこく浮かんできてしまうものです。

マインドワンダリングの状態や心が忙しない状態は、実行機能がうまく働かない状態でもあります。たしかに、心に余裕がない状態では、いつもは簡単にできてしまうことも、うまくできなくなってしまうことは誰でも経験していると思います。マインドフルネスは、マインドワンダリングを改善することで、学びや適応を促進することが知られています。また、マインドフルネスのエクササイズを長期間行うと、実行機能そのものを促進することも知られています。世界中の教育機関や企業などにおいて、マインドフルネスに注目が集まっている背景には、単に学習や作業に関する能力を向上させるという効率性の点だけではなく、心に余裕を持たせるという安定性にあると思います。

マインドフルネスの土台

マインドフルネスを実践するためには、「自分の状態をありのままに受け入れる」ということから始めます。苦しんでいる状態を無理にポジティブにしようとしたり、解決しようとしたりしないで、「こんなことを考えて辛い気持ちになっている」と自分自身の思考や感情を優しく観察します。辛い時はポジティブには考えられないでしょうし、無理にポジティブに考えると虚しくなってしまいますので、そのようなことはする必要はありません。反対に、自分自身を批判して、余計に辛くする必要もありません。解決しようとしても次から次に心配事は増えますし、過去のことは変えられないことを私たちは知っています。しかし、子どもたちはそのことを理解できないまま、「今ここ」に意識を留められなくなってしまいがちです。変えられないことは手放すこと、変えられることは「今ここ」でしかないことを理解することがポイントになります。

マインドフルネスという状態が理解できても、それを身につけられるかというと、それは難しいことかもしれません。初めて自転車に乗った時のことを思い出してください。理解やイメージが達成されるまでには多くの練習が必要だったはずです。マインドフルネスも同じような性質があります。本書では、マインドフルネスを促進するトレーニングをいくつか紹介しながら、マインドフルネスを妨げる状態とその対応についても紹介していますので、子どもたちと一緒に取り組めるものに挑戦してみてください。ここでは、実行機能の観点から、マインドフルネスのエクササイズが学習場面と適応場面において「何」を促進しているかということについて確認し、エクササイズを始める前にマインドフルネスの意図について考えてもらいたいと思います。

私たちは、感じたことや考えたことが自分自身を表していると感じてしまいがちですが、全くそんなことはありません。頭に浮かんだことは単なる頭の中の出来事にしかすぎませんし、霊能力者でもない限り、現実には何の影響力も持っていません。ですから、何を感じても考えが浮かんでも冷静に観察しながら、「～っていうことを感じた（～が浮かんだ）」とすぐにラベルをつけて心の片隅に置けるように練習するだけでいいのです。

34

注意訓練で自分の集中力をコントロールする

自分が注意を向けたいものに柔軟に注意を向け続ける状態を注意訓練で養います。自分の内側には集中しないで、自分の外側にある環境音に注意を向け続けるトレーニングを行います。

注意訓練とは

注意訓練は英国の心理学者であるエイドリアン・ウェルズ先生によって開発されたマインドフルネス・トレーニングの一種です。**注意の方向性（選択・転換・分割）を能動的に働きやすくするために、複数の環境音を用いた訓練を行うのが特徴的**です。注意訓練は、抑うつ症状や不安症状に著効を示す訓練として知られており、自分の内面に注意を向け続ける「自己注目」の状態を改善することを目的にしています。自己注目は、思考内容や感情を悪化させ、多くの認知資源を費やす特徴があるため、注意機能が土台となっている実行機能の働きをよくするための基礎訓練として注意訓練を用いることもできます。

注意訓練の実施方法

近くの音から遠くの音まで、様々な方向から聞こえてくる音をまずは特定します。静かな環境や教室で実施する際は、音が見つからないことがありますので、先生が机をペンで叩いている音（近くの音）や、廊下で鈴虫の音をデバイスから流す（少し遠い音）などの工夫をするとよいでしょう。治療用の注意訓練では6種類の音を使っていくのですが、慣れないうちは、教室内の特定の音（近くの音）、廊下から聞こえる特定の音（少し遠い音）、隣の教室から聞こえる音（遠い音）、教室の外から聞こえる音（かなり遠い音）など、3つか4つの音から始めてみましょう。注意訓練を始める時は、どの音を使って訓練をするか事前に確認しましょう。また、視線はキョロキョロしないで一点をぼーっと見るように促します。集中力を使う訓練ですので短い時間から始めてみましょう。

①選択的注意の訓練（3分程度）
先生が机を叩く音（近くの音）に1分程度の注意を向けさせます。次に、廊下の音（少し遠い音）、隣の教室から聞こえてくる話し声（遠い音）に1分程度の注意を向けさせます。最後に、教室の外から聞こえてくる音に1分程度の注意を向けさせます。

②転換的注意の訓練（3分程度）
選択的注意の訓練では、各音に1分程度の注意を向けましたが、転換的注意の訓練では15秒から20秒の間隔で注意を向け、次から次に注意を向ける対象を変化させていきます。

③分割的注意の訓練（1分程度）
注意を向けてきた音全てに対して、同時に注意を向けることを促します。

慣れてきたら、集中する音の数を増やしてみるといいでしょう。注意訓練を実施している時は、様々な雑念が浮かんでくることがあります。それに気づいたら、音に意識を戻すようにします。慣れないうちは気が逸れていることに気づくことも難しいので、「○○の音に集中していますか？」と声かけをするとよいでしょう。また、よくある質問に、音が聞こえないというものがあるのですが、遠いところにある音は実際には聞こえなくても構いません。自分の体から遠く離れたところに意識を集中させることが目的なので、聞こうとする態度が重要となります。

注意訓練は自分の体から離れた空間に注意を向けることがポイントとなる。

35

注意訓練を継続するコツをつかむ

教室の中だけでなく自宅でも注意訓練を継続するためのコツを紹介します。

音楽の聞き方を少し変えたりすることで、通学途中にもできる注意訓練になります。

注意訓練の成果を教室で確かめてみる

注意訓練で培われる能力は「集中したい時に、集中したいものに集中する」ということです。教室が少し騒がしく、授業とは関係ないことが頭に浮かんだとしても、授業に集中できるようになっていきます。

ただし、これらの能力はすぐに獲得できるわけではありません。能動的注意制御の能力は、マラソンの持久力に似ていますので、いかに継続して能力を高めていくかということも大切になってきます。毎日続けていけば、数週間後には「集中できている」という感覚が実感できるようになります。

音楽の聞き方を変えて注意訓練にする

注意訓練は、聞きたい音にのみ注意を向ける能動的注意制御の働きを促進する訓練でもあります。逆に言うと、実行機能の主要な働きの1つである「抑制」がうまく働いている状態とも言えます。どんなジャンルの音楽でもいいのですが、1つの楽器の音に注意を向け続けて聞いてみましょう。

時間が経ったら、注意訓練の手続きに従って、適宜注意を向ける楽器の音を変えてみてください。注意訓練の手続きと同じように進めることで、能動的注意制御の働きが高まります（私はメタルというジャンルで実施しています）。好きなバンドの音楽を使った注意訓練であれば、継続することも難しくないと思います。

登下校でもできる注意訓練

日常的に多くの物音を聞けるのは登下校の時だと思います。誰かと登下校している時はその人の話に集中した方がいいのですが、聞こえてくる音は季節ごとに様々な音が聞こえてきます。虫の音、木が揺れる音、雨の音、または、どこかの家から聞こえてくる笑い声。様々な音を聞きながら登下校することも注意訓練です。

ただ、音に注意を集中しているあまり、危険な状態に気づかなかったとならないように、待ち合わせの時間や、公園などで数分時間をとってじっくりと実施することをおすすめします。

注意訓練の禁忌と使用法の注意

注意訓練は毎日行うことが推奨されています。しかし、**気分がよくない時や、ショック**

なことがあった時、体調が悪い時などは注意訓練の実施を行わないでください。また、注意訓練は、気晴らしやリラクセーションとは異なりますので（むしろ集中力を使って緊張している状態です）、そのことを十分に理解して取り組みます。つまり、注意訓練をしたのに気分が晴れないということは当たり前だと思ってください。

注意訓練は気晴らしやリラクセーションではないということを心に留めておく。

注意訓練をアレンジしてみる

注意訓練で用いる音は中性刺激といって、快でも不快でもない刺激の音を用います。しかし、よくよく考えると、ある音に対する快や不快というのは、私たちの単なる主観です。工事現場の音に耐えられない人は多いと思いますが、「うるさい」や「むかつく」という感情や評価を一旦傍に置いて、単なる音としてじっくり聞いてみましょう。「うるさい音」という思考が浮かんできても、それらの思考や感覚を心の脇に置いて、単なる音として再び聞き入る態度に戻ることで、能動的注意制御能力はより強力になっていきます。

36

呼吸瞑想で実行機能の働きを高める

呼吸瞑想は、実行機能の働きを促進することが多くの研究で明らかにされています。勉強だけでなく、部活や普段の友人関係にも、呼吸瞑想によって高められる実行機能をうまく使っていきましょう。

呼吸瞑想とは

普段の生活では呼吸に注意を向けて生活することはありません。**呼吸瞑想は、そのような自動的に行われる呼吸に、あえて注意を向け続けるという単純なトレーニング**になります。実際に行ってみるとわかるのですが、呼吸に注意を向け続けることは困難であることに気づきます。呼吸瞑想を始めたばかりの時は、頭に浮かんだ雑念に注意が奪われてしまい、その状態に気づくことなく呼吸瞑想の時間が終わってしまうことさえあります。このような状態はマインドワンダリングの状態でもありますので、実行機能の働きも本来の働きを維持できていない状態であることが多いと思われます。呼吸瞑想を継続すると実行機能が高まるという作用機序の背景には、このような注意制御の要素が多分に関与していることがわかっています。

瞑想では「無」になることがイメージされやすいですが、マインドフルネスの呼吸瞑想ではそのような状態は目指していません。雑念や身体感覚、様々なものに注意が逸れてしまったら、それに素早く気づき（メタ認知的気づき）、再び注意を呼吸に戻す（注意制御）ということを行います。つまり、自分のネガティブな思考や感覚を除去しようとするのではなく、それらの思考や感覚と距離をとった付き合い方を学ぶために呼吸瞑想を行います。

呼吸瞑想の実施方法

注意訓練は自分の体の外側の刺激（音）に注意を向ける方法を採用しますが、呼吸瞑想は、自分の体の内側の刺激（呼吸）に注意を向ける方法を採用します。まずは、姿勢を正しくして座ります。頭の真ん中から糸が出ている人形が天井に吊り下げられているような状態をイメージできるような座り方が理想的です。視線は目の前のものをぼんやりと眺めるように固定しますが、目を閉じた方がやりやすい場合は、そうしてください。体勢が整ったら、大きく息を吸って、大きく息を吐きます。雑念が浮かんだら、そのことに素早く気づき、「呼吸に意識を戻します」と心で唱え、再び呼吸に意識を戻します。気が逸れてしまうことは恐れなくて大丈夫です。**１００回注意が逸れたら、１００回注意を戻せばいいのです。**心に浮かんだ雑念は、消そうとしたり、浮かばないようにしたりするのではなく、心の片隅に置いておきましょう。

呼吸瞑想中は雑念が浮かんでも大丈夫。再び呼吸に意識を戻す。

呼吸瞑想の禁忌と使用方法の注意点

呼吸瞑想は呼吸という身体感覚に注意を向けますので、身体感覚に過敏性がある場合や、呼吸器系の症状などがある場合は、専門家の指導のもと行います。また、急なストレスを感じている時や辛いことがあった時は呼吸瞑想を行いません。注意訓練と同じく、**マインドフルネスのトレーニングは集中力を使いますので、リラクセーションとは異なる働き**です。したがって、気分転換やリラクセーションを目的にトレーニングを実施することは、本来の効果を得られにくくしてしまいますので要注意です。

呼吸瞑想も毎日行うことが推奨されていますが、必ずしも長い時間行う必要はありません。慣れないうちは5分からスタートしてもよいと思います。慣れてきたら、朝早く起きて、1人で静かな時を呼吸瞑想で20分ほど体験してみましょう。きっと安定した活力をもたらしてくれると思います。

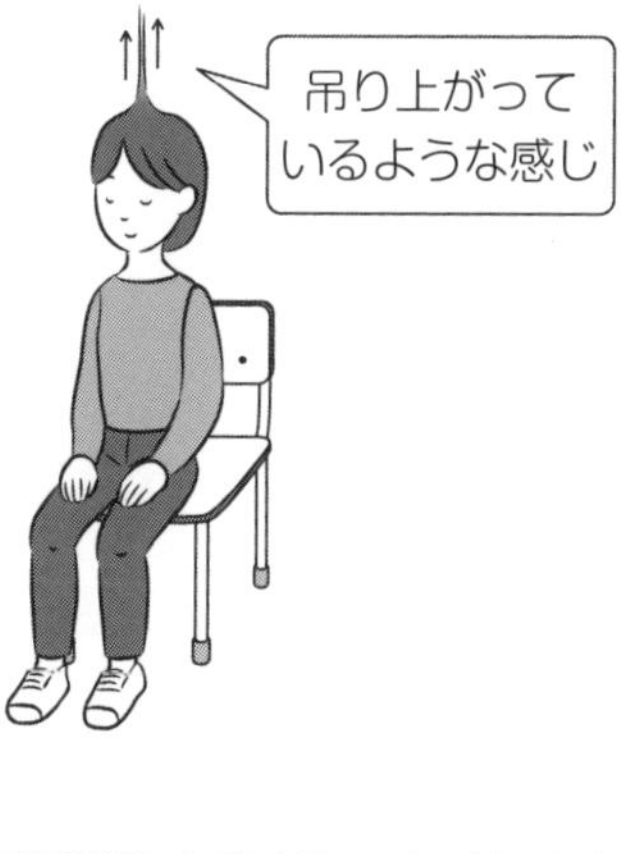

37

呼吸瞑想を継続するコツをつかむ

呼吸瞑想は、ジョギングのようにコツコツと毎日続けることがポイントとなります。

呼吸瞑想の要点を理解し、毎日の生活に取り入れる方法を知り、実践することで、実行機能の働きを改善していきましょう。

呼吸瞑想の成果を教室で確認してみる

呼吸瞑想で培われる能力は「意図的に、今この瞬間の体験に、判断を加えることなく注意を向け続けること」や「受容を伴う、現在の経験への気づき」という注意とメタ認知に関する働きです（ともにマインドフルネスの定義です）。

学校生活では、何かに集中したいと思っていても、様々なことが気になってしまい、思うように集中ができないこともあります。

そんな時は、雑念や感情にとらわれていることに「気づく」という呼吸瞑想での体験を生かしてみましょう。呼吸瞑想をしていない時でも**「気づき」をたくさん経験できるようになれば、呼吸瞑想の意味がより理解でき、継続する動機づけも高まります。**

一息入れるということを意識的に実践する

実行機能は柔軟に認知機能を使うこと（切り替え）が主要な働きの1つとして含まれています。認知機能が柔軟に働いていない時は、注意の覚醒が弱い時やマインドワンダリングの時などがあることは想像しやすいと思います。もう1つの別の理由としては、興奮しすぎて（覚醒が強すぎる）、過度に集中している過集中の状態の時は、認知機能が柔軟には働かないことが多くあります。つまり、**私たちが実行機能を適切に働かせるためには、適度な覚醒状態を維持し、余裕のある注意制御を行うことが大切**になります。

このような状態を作り出すのが「一息入れる」という呼吸瞑想の短縮版です。

ここでもやはり、自分の状態に気づくというメタ認知的な要素が必要になりますが、過集中の状態の場合は「気づき」を得られないことがあります。そんな時は、時間で区切って一息入れるという方法や、あちこちに「一息入れる」という付箋を貼っておき、目についたら実践するという方法も行いやすいと思います。

学校では休憩時間がありますが、子どもたちの注意能力はそれほど高くありません。授業の合間に深呼吸をする短い時間を入れることは、注意のバランスを調整することにつながってきます。

注意のバランスを整えて実行機能の働きを生かすためには「一息入れる」ことを心がけることが大切。

観瞑想という集中の仕方

呼吸瞑想は「呼吸」に集中をして、それ以外のものに注意が逸れても呼吸に注意を戻すことを心がける方法でした。マインドフルネスの瞑想には、呼吸瞑想とは異なる注意とメタ認知のメカニズムを使った「観瞑想」というものがあります。

観瞑想では、自分の中で生じている思考や感情、自分の外で生じている雑音や匂い、全ての感じる物事に等しく注意を優しく向けるという手続きで実施します。ここで言う、優しく注意を向けるというのは、判断や評価をしないということだと思ってください。犬の鳴き声が聞こえれば、「うるさいな」などと評価しないで、ただその鳴き声を音として聞くという態度です。同時に注意を向けたり（分割的注意）、これらの認知状態を持続させるためにモニタリングとコントロールを続けたりする作業（メタ認知的活動）が含まれますので、より実行機能を使った瞑想となります。

おすすめとしましては、呼吸瞑想を終えてから観瞑想を連続して行うと、それぞれの実行機能の働きを転換させるトレーニングにもなります。

38

日常生活でマインドフルネスを体験する

マインドフルネスの体験は、瞑想や注意訓練などの特別な方法を実施しなくても、ちょっとした意識をすることで体験することができます。マインドフルネスを意識した日常生活を体験しましょう。

今に集中することを意識する

何か気になっていることがある時は、「心ここにあらず」の状態で、授業になかなか集中することができません。ほとんどの心配（未来の不安）は考えてもどうにもなりませんし、考えているような心配事は95％以上は生じないとも言われています。同じように、過去の失敗や後悔について、いくら原因を考えても自分の気持ちを暗くするだけで何の解決にもなりません（過去は変えられません）。

そして、このように考えている内容はいつも大抵同じだと思います。そんな時にできることはただ1つです。「今ここに集中する」ということです。**変えられないものを変えようとしないということを理解し（メタ認知的知識）、そのような状態の自分に気づき、積極的に「今ここ」に集中することを意識することで、心配や反芻から距離がとれるようになっていきます。**

それでも、どうしても「今ここ」に集中することが難しい時があります。そんな時は、学校で心配や反芻をしないで、家に帰って7時から心配を再開しようと、心配することを遅延させる方法があります。いざ、7時になってから心配をしようとすると、思うように心配できないことを経験するはずです。「心配しようとしていたことを忘れてしまって心配だ」と感じる人もたまにいますが、安心してください。忘れてしまうような心配は重要なことではないのですから。心配や反芻をやめられずに「今ここ」に集中できない場合は、第3章で紹介しているようなトレーニング（注意訓練・呼吸瞑想）を実施してみてください。「今ここ」に注意を向けるコツをつかめると思います。

ありのままを意識して他人と比較しない

学校生活は誰かと比較することであふれてしまっています。持久走のタイム、テストの点数、身長、体重、持ち物、比較しようとすれば、ありとあらゆるものが比較対象になり、その結果、感じなくてもよい劣等感を感じたり、誤った自尊心（仮想的有能感）を持ったりします。

誰かと比較しなくても持久走のタイムは速くなりますが、私は持久走を大人になっても楽しめるようになってほしいと思っています。同じように、テストの点数が人よりよくなくても、学ぶことを楽しめる子であってほしいと思います。どんな子であったとしても他人と比較して自分を知る必要はありません。

そのためには、私たち大人が「ありのまま」を受容し、子どもたちが比較で苦しまない教育環境を作り上げ、ありのままの自分でよいと思えるようなマインドフルな環境を整えてあげなければいけません。

マインドフルネスを日常で体験できるように教育環境を整える。

反応しないで対応することを意識する

教室で生じるトラブルの多くは、咄嗟の「反応」によるものです。口喧嘩の類いは、言わなければよかったと思うことを反応的に言ってしまうことがほとんどです。このような反応的な態度は衝動的とも呼ばれますが、あまりよい結果をもたらしません。そんな時は、「対応する」ということを心がけることです。そのためには、いつもの反応的な態度を理解しておき、同じような状況にいる時は自分の状態をモニタリングしてコントロールしようとすることが大切になります。また、**反応しそうになる自分に「ハッ」と気づいて、一呼吸置いてみることです。それだけで、衝動的な反応や言動で後悔することは大幅に減っていきます。**

39

セルフ・コンパッションで自分を慈しむ

自分に優しくするという慈しみの態度と実行機能は一見関係がないような気もします。しかし、実行機能をうまく働かせたり、生かしたりするためには、自己への慈しみがキーワードとなります。

セルフ・コンパッション

セルフ・コンパッションは「自己への慈しみ」と訳される概念です。具体的には、「自分に対して思いやりを持ち、その苦しみを緩和したいという心構え」と心理学的に定義されています。自己への慈しみというと、自分を甘やかすことと捉える人もいるかもしれませんが、それは大きな間違いです。辛い時は自分をどんどん追い込んでしまいがちですが、自分に優しくしようとすることは強く意識しないと難しいことです。

セルフ・コンパッションと実行機能

セルフ・コンパッションは実行機能と深く関わる心構えです。これまでも説明してきた通り、認知機能は心の余裕がない時は、マインドワンダリングの状態になってしまいます。目的を達成するために、実行機能を働かせるには、「今、集中したいこと」を意識して、自分にとって大切な価値に基づいて行動するという「優しい選択」をすることです。このように言うと、「勉強をしたくない時にゲームをすることはセルフ・コンパッションですか?」と聞いてくれる児童生徒がいます。「答えは、みんながそれぞれ知っていると思う」と私は答えます。勉強をすることが将来の自分にとって優しいと思えることもあるでしょうし、息抜きもしないで勉強ばかりやっている自分が惨めで可哀想と思えば、ゲームをすることも優しさかもしれません。「自分の大切な人が同じ状況で同じことに迷ったら、どのようにアドバイスしますか。そして、その言葉を自分自身に伝えてあげてください」という視点を伝えると、多くの児童生徒は「なるほど」と納得してくれます。

自分にとって真の優しさや価値に基づいた行動を選択する場合は、どちらの選択をしたとしても、実行機能を働かせることになります。反対に、甘えの選択であれば、流されるままの快楽に浸ることになるので、どちらの選択をしても実行機能を働かせることにはなりません。つまり、**セルフ・コンパッションとは、実行機能を働かせるような積極的な癒やしとも言えます。**

セルフ・コンパッションを妨げる心理的特性は実行機能の働きも妨げる

セルフ・コンパッションを妨げる心理的特性には、「完全主義」「恥を感じやすい」「自己批判」などが知られています。これらの特徴を持つ子は、頑張り屋の子が多いように思います。頑張り屋の背景に共通しているのは、不安を軽減するためや、ネガティブな未来にならないようにするために対応するという動機づけがあるように見えます。もう1つの特徴としては、本来の学びを楽しく深めたり、楽しい人間関係を築いたりするというポジティブな理由よりは、ミスをしないようにしようと懸念したり、嫌われないようにしようとしたりするネガティブな理由によって行動していることです。

このような想いは、ネガティブな感情に飲み込まれてしまうことでポジティブな現状を蔑ろにしてしまう「過剰同一化」を促進したり、「自己批判」によって自分を高めようとしたりしてしまいますので、結果的に「孤独感」を強めてしまいます。これらの状態は心の余裕をなくしてしまうので、実行機能は働きにくくなりますし、何より、子どもたちは自信をどんどんなくしてしまいます。

みんな同じ状況の時は、同じように不安に違いないと思えるような「共通の人間性」を意識でき、「自分への優しさ」を積極的に実践することが大切になります。そのためには、「マインドフルネス」の心構えをまずは身につけておくことが必要に思います。

自分に優しさを向けることは、自己憐憫やわがままとは違う。

40

完全主義から解放される

完全主義が強すぎると本来持っている実行機能の働きが弱くなってしまいます。完全を自分や他人に求めるよりも、ミスを恐れないで挑戦することを称えられるように変えていきましょう。

完全主義の分類

完全主義は長い間、精神医学や心理学において、神経症というテーマの中で研究がされてきました。神経症の中には、感情や思考などの自己制御が難しい状態（実行機能が働きにくい状態）が確認されることから、完全主義と実行機能の働きにも様々な影響関係が想定されます。

現在では、認知行動学的な観点から完全主義は実証的に研究され、適応的な側面と不適応的な側面を持っていることが明らかになっています。ここでは、「完全でありたいと思う欲求（完全性欲求）」「自分に高い目標を課す傾向（高目標設定）」「失敗を過度に気にする傾向（失敗懸念）」「自分の行動に漠然とした疑いを持つ傾向（行動疑念）」の4つの完全主義のサブタイプから、実行機能との関連性について考えてみたいと思います。

完全主義の不適応側面と学習

完全主義と精神的症状（抑うつ症状など）の関連性について研究した結果からは、「完全性欲求」や「高目標設定」は精神的症状に悪影響を及ぼしにくいという結果が出ています。反対に、「失敗懸念」や「行動疑念」は悪影響を及ぼしやすいことが知られています。

実行機能の観点から見ると、自分の振る舞いを気にし続け、失敗していないか確認している状態は、過剰な自己注目を生じさせ、実行機能を正常に働かせるための注意やメタ認知の機能を本来の課題に活用できない状態にしてしまいます。

たとえば、テストの問題を解いている時に、「間違っていないかな」や「あともう一回だけ確認しようかな」と確認をたくさん行った結果、確認すればするほど間違っている気がして書き直して誤答をしてしまうという人は失敗懸念の傾向が高い人です。

完全主義の傾向があると、視野が狭くなってしまいます。解いた問題は何回も確認していたにもかかわらず、テスト冊子の裏表紙に問題があることに最後まで気づかなかったということもあります。完全主義は自分のやり方を変えることができないという性質もありますので、実行機能の「転換」や「更新」を働きにくくしてしまいます。

完全主義の人の多くは、完全主義は役に立つというメタ認知的知識を持っていることがありますが、その一方で、完全主義のせいで自分自身をコントロールできなくて嫌だと感じています。完全主義を手放してみようとすることの第一歩は、「失敗懸念」や「行動疑念」は役に立たないという事実を知ることが大切になります。

他者に求める完全性

子どもたちの完全主義の一端は日本独自の教育にあると私は考えています。

漢字の細かい「とめ」や「はらい」ができていない文字に×をつけ、算数の文章問題で「3人」や「3個」などの単位をつけないだけで、その問題の解答全てを×にするなど、個人的にはいきすぎていると感じる採点をこれまで多く見てきました。これらの学習指導は本来の学びの意義を反映させているのかということをもう一度、完全主義と実行機能の観点からも考え直すべきだと思います。多くの心理変数は、海外と比較しても大きく差はないのですが、完全主義に関しては海外と日本では異なる結果が出ていることは稀ではありません。完全を求める気持ち（完全性欲求）や高い志（高目標設定）を持つことは悪いことではありませんが、それらを他者（子ども）に向けることは慎重になるべきです。

私たち大人は、ミスのない子どもを育てたいわけではないと思います。子どもが大きな夢や目標を持ったら、身の丈に合った目標にするように促したりせず、どんどんチャレンジをさせ、多くの失敗から学べるような子どもを育てるべきです。子どもを応援できる大人でありたいと思います。**ミスをしないという目的ではなく、挑戦をし続けるという過程のために、子どもの実行機能を働かせる支援をすることには意義がある**と思います。

41

仮想的有能感から解放される

実行機能の働きを最大限に生かすには、日々努力が大切になってきます。仮想的有能感を持ってしまうと、誤った自尊心によって、努力しない状態を維持してしまい、自分を律する実行機能が弱ってしまいます。

仮想的有能感とは

自分の直接的なポジティブな経験とは関係なく、他者の能力を批判的に評価・軽視する傾向に付随して習慣的に生じる有能さの感覚を「仮想的有能感」と呼びます。たとえば、「今回のテストの点数は確かに悪かったけど、○○くんよりはマシな点数だった」というような発言をする子どもをイメージしてみてください。仮想的有能感は他者との比較を通じて得られる苦しい自尊心とも言えます。それゆえに、日常的にネガティブな感情や対人関係を持ちやすくなります。また、競争的な一方で努力志向ではないので、学習を嫌う姿も見られます。

仮想的有能感と実行機能

これまでも説明してきた通り、幼児期から成人にかけて実行機能は高まることもありますし、低くなることもあります。実行機能は目的に向かって何かをする時に必要となる認知機能の総称であることを考えると（第1章参照）、仮想的有能感は実行機能の働きを弱くしてしまう心的態度だとも言えます。複雑な課題を遂行するための動機づけが弱くなれば、実行機能に関するメタ認知は自ずと弱くなり、自分の強みと弱みを理解して生かす視点が欠如していきます。このような状態で課題に取り組んでも、課題無関連思考が生じてしまい、ますます成功体験を積むことができなくなってしまいます。努力すれば遂行可能だった課題も次第にできなくなってしまいます。

自己成長を自覚できるアプローチ

仮想的有能感の強い子は、競争的ですが勝敗がつくような課題は好みません。また、他者との優劣を気にしがちなのも特徴です。仮想的有能感とは異なる**「誰とも比較しないで得られる自尊心」を身につけるためには、自分の中での成長を感じられる課題を根気よく続けることが肝心**になります。たとえば、本書で紹介している「10を探せ」（㉒参照）の課題は、簡単な計算ですので学習能力はそれほど反映しませんし、集中力を使う課題なので、ワーキングメモリが低くてもマインドワンダリングを抑制できます。これらの課題に取り組むことに抵抗を感じているようでしたら、注意訓練（㉞参照）や呼吸瞑想（㊱参照）を実施するのもよいと思います。徐々にコツをつかんでいくことで、自分を苦しめるような「他者との比較」に関する思考や感情と距離をとれるようになっていきます。

誰とも比較しない「そのままの存在」を認める

誰かと比べて秀でていることで自信を持つことは諸刃の剣です。大怪我をしてしまった陸上選手が、「速く走れない自分なんて価値がないから、誰からも好かれない」と落ち込んでいたとします。速く走ることだけがその選手の存在意義ではないのですが、そう感じてしまう背景があるのです。それは、人より何かができることに自信を持ち、それゆえに愛されている（認めてもらえている）と思い込んでいることです。それゆえ、その何かが人よりもできなければ自尊心が保てなくなり、仮想的有能感で補完することもあるわけです。

実行機能は学びだけではなく、心の安定を保つためにも働く機能ですので、仮想的有能感によって実行機能の働きを弱くすることは適応面にも悪影響を及ぼします。（「テストの点数が悪かった」ということも、その子の一時点の一側面でしかありません。）**どんな自分であっても受け入れられているという絶対的受容の感覚は、安心して挑戦ができる気持ちを促し、時には援助を求めながら、課題を解決していく**（実行機能を稼働させる）ことにつながります。つまり、子どもたちが実行機能を生かして伸び伸びと育つためには、誰とも比較しない自尊心やセルフ・コンパッションが土台となると言えます。

42

自分を傷つけながら自分を守る方法をやめてみる

未来の自分が必要以上に傷つかないように、「今ここ」の段階から自分に期待しない態度をする子がいます。学習と適応の両側面から、子どもの自信をどのように育てるかを考えます。

自分を守るために自分を傷つける態度

運動会前やテスト前になると、子どもたちから不思議な言葉を聞くことがあります。

Aさん「復習をちゃんとできなかったから、テストはあんまりできないと思う」

Bさん「そう言っていて、いつも結局はよい点数をとっているからずるいよ（笑）」

私は、Aさんが頑張ってテスト勉強をしていたのを知っていたのですが、なかなか自信が持てなかったり、よい結果を期待したのにそうじゃなかった時が怖いという思いが常にあったりするということも知っていました。結果的に毎回優秀な成績をおさめるAさんをどのように理解して、寄り添うことができるか考えてみたいと思います。

防衛的悲観主義

未来の自分が傷つくことから身を守る態度や方略として、防衛的悲観主義があります。防衛的悲観主義とは、過去の似たような状況でよい結果が得られていることを自分でも理解しているのに、これから行うことは今までのようによい結果にはならないという予測をもとにネガティブな結果を様々に想定し、そうならないように対策をしようとする心構えのことです。防衛的悲観主義の高い子は、楽観的な子よりもパフォーマンスが高いという結果も報告されていますが、パフォーマンスの良し悪しに焦点を当てた結果を鵜呑みにしていいのかと疑問を感じます。これらの一連の研究では、悲観することで不安を処理していると言われているのですが、悲観とは別の方法（たとえば、マインドフルネス）で不安を処理し、努力とパフォーマンスのつながりに意識を向けた自信を持ってほしいと思います。結果だけに執着するのではなく、「自分の価値に基づいた行動（たとえば、何事にも頑張れる自分という価値など）」ができているかどうかという視点とセルフ・コンパッションの態度を持てると、子どもたちは自信や本来感を取り戻せると思います。

セルフ・ハンディキャッピング

防衛的悲観主義とは異なる方法で、未来の自分が傷つくことを防いでいる子もいます。その1つとして、セルフ・ハンディキャッピングがあります。**防衛的悲観主義はネガティブな結果にならないように様々な対策を講じますので、目標達成に役立つ側面もありますが、セルフ・ハンディキャッピングは、言い訳になるような外的条件を準備するため、目標達成を妨げます。**たとえば、「一夜漬けしかできていないから」「兄弟がうるさくて家で勉強できなかった」など、全力を出せない条件を自ら負ったり、それを主張したりすることが該当します。セルフ・ハンディキャッピングは、実際にパフォーマンスや結果につながりにくく、仮に、よい結果が得られたとしても「勉強してなくてもよい点数がとれた」などの自己評価から不適切な自尊心を促進してしまうこともあります。

挑戦して、失敗して、修正する

完全主義（㊵参照）のところでもお伝えしましたが、失敗を恐れながら活動することは、実行機能の観点からも失敗するリスクを高めます。失敗をすることは批判されるべきものではなく、成功しない方法の1つを理解できるチャンスと捉えるべきです。**失敗への評価ではなく、失敗しそうなことも挑戦できたことを認め合えることが大切**に思います。そのうえで、成功するための方法について考えることができれば、防衛的悲観主義やセルフ・ハンディキャッピングを用いることなく、自信を持って取り組むことができることでしょう。

失敗することよりも怖いことは、不安で挑戦できなくなってしまうこと。

43 マインドフルなコミュニケーションに取り組む

実行機能を適切に働かせるとコミュニケーションが円滑になります。ここでは、マインドフルネスの観点から、絆を深めたり、安心したりできるコミュニケーションについて考えてみましょう。

実行機能を生かしたマインドフルなコミュニケーション

子どもと先生の会話に耳を傾けていると、どうしても話す人はずっと話していて、聞き役にはなれておらず、興奮した強い言葉を投げかけている状況を見かけます。**実行機能をコミュニケーションに生かすためには、自分の感情や衝動を抑制し、「話し役」と「聞き役」の転換を意識し、話題を更新しながらコミュニケーションを持続するという相互プロセスが大切になります。**ここでは、「今ここ（相手・話題）に意識を向ける」「あるがままに評価しない」「感情に飲み込まれない」という実行機能と関連するマインドフルネスの観点から、思いやりのあるコミュニケーションについて考えてみたいと思います。

十分に聞く

コミュニケーションが円滑な人は、話すことが上手な印象があるかもしれませんが、実は「聞き上手」な人であることがほとんどです。特に、大人が子どもと話す場合は、「子どもの話に十分に注意を向けて聞く」ということが必要です。話を聞いている時は、話している内容について正しくないとか良くないなどの評価をしないで、共感的に聞くことが大切です。そして、話が終わるまでは、話を遮ったり、フィードバックをしたりしたくなる衝動を抑えましょう。子ども同士の会話でも同様のことが言えますので、聞き上手になる練習をエクササイズとして授業に取り入れてみるといいかもしれません。

意識しながら話す

聞き役だけでなく、話し役になる時もマインドフルネスがヒントになります。話す時は勢いに任せるのではなく、注意深く言葉を選んで、普段よりもゆっくりと話すようにしましょう。難しく感じることかもしれませんが、特に怒っている時などは、イライラを観察するような感じで、リラックスを意識して話してみましょう。また、話す時には、正直に、率直に、弱みを隠さずに話すことを心がけてみましょう。

自分の想いを伝えるプロセス（観察→気持ち→ニーズ→要望）

コミュニケーションで難しくなる場面は、自分の想いを適切に相手に伝える状況です。特に、相手に対してネガティブな気持ちが生じている時や、自分自身に不安がある時などは、思ってもいないことを伝えてしまったりして、後悔することもあります。この背景には、心に余裕がないことで、実行機能がうまく働いていないことが考えられます。マインドフルネスの観点から、「観察」→「気持ち」→「ニーズ」→「要望」のそれぞれの段階を順にポイントとしてまとめてみたいと思います。

「観察」の段階では、自分の気持ちに基づいて評価をくださないで、事実をそのまま観察することです。怒っている時などは、それらの感情を傍に置きつつ観察することです。

「気持ち」の段階では、観察によって生じた気持ちを表現します。「私は今、怒っているのですが」や「私は緊張しているのですが」と表現できるといいと思います。

「ニーズ」の段階では、感情に関わる自分のニーズを表現しましょう。自分の感情を冷静に見つめることができていないと、自分がどのようにしたいのかわからなくなります。

「要望」の段階では、具体的に要望を伝えるようにします。相手にお願いする時は、相手を批判する必要はないということを理解することが大切になります。

コミュニケーションは双方向性の意思疎通ですので、相手もこのようなプロセスを共有していない場合は、どこかのプロセスで感情の抑制ができなくなり、かえって爆発してしまうこともあるかもしれません。そのため、教室全体でマインドフルなコミュニケーションを常に共有し、練習しておくことは重要です。

44

マインドフルな教室でマインドフルな関係性を作る

実行機能を働かせるための動機は人それぞれです。しかし、どんなに実行機能の能力があったとしても、安心な環境でなければ、学びや友情を深めることはできません。

マインドフルな人間関係からマインドフルな教室へ

子どもたちに「学校は楽しい？」と聞くと、どんな答えが返ってくるでしょうか。勉強ができる子や先生からの評判がよい子が、必ずしも「楽しい！」と言ってくれるわけではないことは想像できると思います。子どもたちも先生も心が慌ただしい日常を送っていることが多く、常に何かをしなければいけない状態に置かれているかのようです。子どもたちは学校で学びや人間関係などを深めていきますが、常に他者評価を気にしながら、危うい自尊心を維持させようとしています（完全主義、仮想的有能感、防衛的悲観主義など）。「あるがまま」をありのままに表現できれば、どんなに安心できる教室になることでしょうか。

あるがままをありのままに表現できる教室を「マインドフルな教室」と私は呼んでいます。マインドフルな教室の前提には、マインドフルな関係性があります。自分の表現をありのままにできること、また、他人の表現をありのままに受け取る「感情の伝達と共有」が大切になります。そのためには、他人に優しい眼差しを向けられることや、自らの感情と距離を置くことができることなどのマインドフルネスの要素が重要になります。

マインドフルな教室で認め合う

マインドフルな関係性の中で学びと人間関係を安心して深めることができれば、子どもたちは自分の強みと弱みを等身大で理解できるようになります。強みによって他人を見下すこともなく、また、弱みによって自分を卑下することもなくなります。強みと弱みを特徴として捉えることができれば、強みを使って誰かをサポートすることも、また、友だちに弱みを補ってもらう助けをお願いすることもできます。また、個人内においても、強みで弱みを補うことができることが理解できていきます。マインドフルな教室では、失敗したり、作業が遅かったりすること、何度も質問することは恥ずべきことではありません。急いで作業をして完成することや正解することよりも、みんなでじっくりと味わうことを、エクササイズを通して理解してみましょう。

マインドフルネスを育てるアプローチ

マインドフルな関係性が構築されれば、自然とマインドフルな教室が育っていきます。そして、お互いを認め合える関係性が強くなっていきます。子どもたちのマインドフルな気持ちを育てる際に気をつけてほしいことは、「マインドフルネスではない」という視点で注意をしないということです。子どもたちのマインドフルな振る舞いを褒めるような働きかけが大切になります。特に気をつけてほしいのは、マインドフルネスという概念を使って、子どもたちを息苦しくさせないということです。

マインドフルになることの変化

私のカウンセリングやコーチングを受ける子の中には、大人から見て真面目な子がたくさんいます。しかし、本人はとても苦しんでいるにもかかわらず、大人がそれを求めてしまっている節があります。そのような子は自らにも完全主義を課しているのですが、他人にも完全性を求めすぎてしまい、人間関係を難しくしてしまうことが多々あります。一緒にマインドフルネスのエクササイズを行いながら、**ありのままの自分に気づき、誰とも比較しない自尊心が芽生えてくると、今までは「静かにしてください！」とクラスメイトを注意していた学級委員の子が、「静かにしてくれてありがとう！」という言葉がけに変化し、クラスが「ありがとう」であふれていく**光景を見ます。

マインドフルネスの考え方やエクササイズを子どもたちと一緒に大人も取り組むことができれば、いずれは「マインドフルな社会」を実現することになるでしょう。

参考文献

坂爪一幸『高次脳機能の障害心理学：神経心理学的症状とリハビリテーション・アプローチ』（学文社・2007）
坂爪一幸『特別支援教育に力を発揮する神経心理学入門』（学研プラス・2011）
マイケル・I・ポズナー、メアリー・K・ロスバート　無藤隆（監修）近藤隆文（訳）『脳を教育する』（青灯社・2012）
三宮真智子『メタ認知で〈学ぶ力〉を高める：認知心理学が解き明かす効果的学習法』（北大路書房・2018）
市川伸一・植阪友理『最新　教えて考えさせる授業　小学校：深い学びとメタ認知を促す授業プラン』（図書文化社・2016）
Baddeley, A.：The episodic buffer：a new component of working memory? Trend.Cog.Sci., 4：417-423, 2000.
トレイシー・アロウェイ、ロス・アロウェイ　湯澤正通・湯澤美紀（監訳）上手幸治・上手由香（訳）『ワーキングメモリと発達障害（原著第2版）：教師のための実践ガイド』（北大路書房・2023）
湯澤正通・湯澤美紀『ワーキングメモリを生かす効果的な学習支援―学習困難な子どもの指導方法がわかる！』（学研プラス・2017）
湯澤正通『ワーキングメモリに配慮した「読み」「書き」「算数」支援教材』（明治図書・2022）
河村暁『理論に基づいた「学習」を目指して…　教室の中のワーキングメモリ　弱さのある子に配慮した支援』（明治図書・2021）

本田恵子『脳科学を活かした授業をつくる―子どもが生き生きと学ぶために』(みくに出版・2006)
熊野宏昭『新世代の認知行動療法』(日本評論社・2012)
今井正司『イラスト版 子どものマインドフルネス:自分に自信が持てる55のヒント』(合同出版・2023)
エイドリアン・ウェルズ　熊野宏昭・今井正司・境泉洋(監訳)『メタ認知療法:うつと不安の新しいケースフォーミュレーション』(日本評論社・2012)
ケビン・ホーキンス　伊藤靖・芦谷道子(訳)『マインドフルな先生、マインドフルな学校』(金剛出版・2023)
小塩真司ほか『非認知能力:概念・測定と教育の可能性』(北大路書房・2021)
ジョン・ハッティ、クラウス・チィーラー　原田信之ほか(訳)『教師のための教育効果を高めるマインドフレーム:可視化された授業づくりの10の秘訣』(北大路書房・2021)
ポール・ディックス　森本幸代(訳)『子どもは罰から学ばない』(東洋館出版社・2024)
ヤナ・ワインスタイン、メーガン・スメラック、オリバー・カヴィグリオリ　山田祐樹(日本語版監修)　岡崎善弘(訳)『認知心理学者が教える最適の学習法:ビジュアルガイドブック』(東京書籍・2022)
山本淳一・池田聡子『できる!をのばす行動と学習の支援:応用行動分析によるポジティブ思考の特別支援教育』(日本標準・2007)
山本淳一・池田聡子『応用行動分析で特別支援教育が変わる:子どもへの指導方略を見つける方程式』(図書文化社・2005)
三田村仰『はじめてまなぶ行動療法』(金剛出版・2017)

【著者紹介】
今井　正司（いまい　しょうじ）
梅花女子大学心理こども学部心理学科（教授）。早稲田大学大学院人間科学研究科博士後期課程を修了後，日本学術振興会特別研究員，早稲田大学応用脳科学研究所を経て現職。特別支援教育専門家チーム委員会の委員や通級指導教室アドバイザーなどの教育支援活動のほか，精神科・心療内科クリニックの心理士として，医療心理的な側面からも子どもと保護者の支援を行っている。認知行動療法や応用行動分析を専門とし，脳科学やマインドフルネスの知見を取り入れたアプローチの支援と研究を多くの小中学校の教諭と取り組んでいる。『イラスト版　子どものマインドフルネス：自分に自信が持てる55のヒント』（合同出版）などの心理学関連の書籍や論文を多数執筆。公認心理師，臨床心理士，特別支援教育スーパーバイザー，指導健康心理士。

〔本文イラスト〕木村美穂

「気合」でやる気はでないから…
教室の中の実行機能
脳機能に寄り添う支援

2024年７月初版第１刷刊 ©著　者 今　井　正　司
発行者 藤　原　光　政
発行所 明治図書出版株式会社
http://www.meijitosho.co.jp
（企画）佐藤智恵（校正）武藤亜子
〒114-0023　東京都北区滝野川7-46-1
振替00160-5-151318　電話03(5907)6703
ご注文窓口　電話03(5907)6668

＊検印省略　組版所 株式会社アイデスク

Printed in Japan　ISBN978-4-18-365644-5